Hans-Hermann Hoppe · Kritik der kausalwissenschaftlichen Sozialforschung

Studien zur Sozialwissenschaft

Band 55

Springer Fachmedien Wiesbaden GmbH

Hans-Hermann Hoppe

Kritik der kausalwissenschaftlichen Sozialforschung

Untersuchungen zur Grundlegung von Soziologie und Ökonomie

Springer Fachmedien Wiesbaden GmbH

CIP-Kurztitelaufnahme der Deutschen Bibliothek

Hoppe, Hans-Hermann:
Kritik der kausalwissenschaftlichen Sozialforschung:
Unters. zur Grundlegung von Soziologie u. Ökonomie/
Hans-Hermann Hoppe.

(Studien zur Sozialwissenschaft; Bd. 55)
ISBN 978-3-531-11624-2 ISBN 978-3-663-14376-5 (eBook)
DOI 10.1007/978-3-663-14376-5

NE: GT

Ursprünglich erschienen bei Westdeutscher Verlag GmbH, Opladen 1983

Umschlaggestaltung: studio für visuelle kommunikation, Düsseldorf

ISBN 978-3-531-11624-2

Inhalt

Vorbemerkungen

Die vorliegende Arbeit sollte ursprünglich anders aussehen als sie sich nun darstellt: Geplant war eine wissenschaftslogische Evaluierung komplexerer sozialwissenschaftlich-statistischer Techniken der Theorie- bzw. Modellkonstruktion. Es sollte untersucht werden, wie verschiedene Strategien eines ‚Causal Modeling' angesichts des wissenschaftstheoretischen Desiderats möglichst strenger Testbarkeit von Theorien zu beurteilen sind. Dabei wurde vermutet, daß sich diese Strategien in z.T. deutlicher Weise hinsichtlich von Testbarkeitsgraden unterscheiden – es wurde jedoch als unproblematisch unterstellt, was ihnen allen gemeinsam ist: die Annahme, es könne in den Sozialwissenschaften Kausalforschung geben.

Im Verlauf der Arbeit ergab sich jedoch aus Gründen, die in der vorliegenden Untersuchung ausführlich dargelegt werden, die epistemologische Unhaltbarkeit dieser Annahme. Der ursprüngliche Plan mußte damit aufgegeben werden.* – Stattdessen wird in den drei folgenden, jeweils in sich abgeschlossenen, aber eine thematische Einheit bildenden Abhandlungen gezeigt:

(1) empirisch-kausalwissenschaftliche Sozialforschung ist logisch unmöglich, d.i. es impliziert einen unvermeidbaren logischen Widerspruch zu behaupten, man betreibe als Sozialwissenschaftler Kausalforschung;

(2) die empirische Sozialforschung muß vielmehr als rekonstruierende Wissenschaft begründet werden, die ihr Paradigma in der Grammatik besitzt;

(3) die Ökonomie ist keine empirische Sozialwissenschaft, sondern muß als aprioristische Handlungswissenschaft begriffen werden, deren Aussagen nicht an Erfahrungsdaten überprüft, sondern logisch abgeleitet werden.

Alle drei Abhandlungen versuchen, aus jeweils unterschiedlicher Perspektive, These (1) zu begründen. Gleichzeitig damit ist auch der Versuch, das einheitswissenschaftliche Programm, gegen das sich These (1) implizit ebenfalls wendet, in einer u.E. neuartigen Form als logisch widersprüchliches Unternehmen darzustellen und zu verwerfen, Thema jeder der drei Abhandlungen.

These (2) und (3), die die doppelten Konsequenzen formulieren, die sich aus der Ablehnung des einheitswissenschaftlichen Programms für die Logik der Handlungswissenschaften ergeben, werden getrennt in Kapitel 2 bzw. 3 fundiert: Kapitel 2 behandelt die sich aus der Unmöglichkeit einer empirisch-kausalwissenschaftlichen So-

* Einen Eindruck vom ‚Typ' der Arbeit, der ursprünglich ins Auge gefaßt war, vermitteln meine Abhandlungen: On How Not To Make Inferences About Measurement Error, Quality and Quantity, 14, 1980; Über die Verwendung ungemessener Variablen in Kausalmodellen. Eine epistemologische Kritik, Zeitschrift für Soziologie, Heft 3, 1981; Über ungemessene Variablen. Von einem Fehlschluß und zwei unbeantworteten Fragen, Zeitschrift für Soziologie, Heft 1, 1982

zialforschung ergebenden Konsequenzen für eine Handlungswissenschaft qua *empirische* Wissenschaft, und zeigt, inwiefern empirische Sozialforschung nur rekonstruierende (und nicht: prognostizierende) Forschung sein kann. Kapitel 3 demonstriert, inwieweit der Unmöglichkeitsnachweis hinsichtlich einer empirisch-kausalwissenschaftlichen Sozialforschung Raum für die Möglichkeit einer Sozialwissenschaft qua *aprioristischer* (logisch-analytischer, reiner) Handlungswissenschaft läßt, diskutiert deren Logik, und analysiert ökonomische Theoreme als Beispiel dieses Wissenschaftstyps.

(Um Mißverständnissen vorzubeugen: Es wird im Zusammenhang mit These (3) nicht behauptet, bei all dem, was unter dem Titel ‚Ökonomie' firmiert, handele es sich tatsächlich um Aussagen ‚reiner' Handlungstheorie oder auch nur um Aussagen, die als solche reformuliert werden könnten. Im Gegenteil ist vieles von dem, was Ökonomie heißt, ‚nur' empirische, d.i. rekonstruierende Sozialforschung und kann auch prinzipiell nicht mehr sein. Vielmehr wird behauptet, daß es von den sozialwissenschaftlichen Disziplinen vor allem die Ökonomie ist, die, den Ökonomen selbst in der Regel unbewußt, einen in der Tat beeindruckenden Fundus ‚reiner' (nicht-empirischer) oder doch als solche reformulierbarer Handlungstheorie repräsentiert; daß der oft beobachtete höhere wissenschaftliche Entwicklungsstand der Ökonomie, namentlich im Vergleich zur Soziologie, sich ausschließlich aus diesem Status der Ökonomie qua reiner Handlungswissenschaft erklärt und allein durch Anerkennung dieser Tatsache gesichert und ausgebaut werden kann; und daß demgegenüber jeder Versuch, die relative Überlegenheit der Ökonomie unter Hinweis auf eine in ihrem Rahmen (z.B. der Ökonometrie) besonders konsequent durchgeführte empirisch-kausalwissenschaftliche Forschungsmethodologie begründen zu wollen, deshalb notwendig scheitern muß, weil die Konzeption einer empirisch-kausalwissenschaftlichen Handlungswissenschaft in sich widersprüchlich ist.)*

Die Methode der gesamten Arbeit ist, soweit es mir möglich war, die einer strengen, logischen Argumentation: diskursiven Räsonnements und deduktiver Ableitung.

Die für die Erarbeitung der vorliegenden Untersuchung erforderliche Zeit hätte ich nicht finden können ohne die Unterstützung, die ich von mehreren Seiten bekommen habe: ich danke dem Deutschen Akademischen Austauschdienst und der University of Michigan, der Deutschen Forschungsgemeinschaft und vor allem Prof. Hondrich.

* Erkenntnis*psychologisch* von herausragender Bedeutung bei der Gewinnung dieser Einsicht waren die Arbeiten L. v. Mises', daneben die K.R. Poppers. Von Mises stammt die Einsicht in die aus der Ablehnung des einheitswissenschaftlichen Programms sich ergebenden *doppelten* Konsequenzen für die Handlungswissenschaften: qua empirische Disziplin sind sie nur (rekonstruierende) Historie, und qua ‚erklärende Theorie' sind sie Handlungslogik (‚Praxeologie'). Mises gibt aber selbst keinen unabweisbaren Grund für den entscheidenden ersten Argumentationsschritt: die Ablehnung des einheitswissenschaftlichen Programms. Diesen Grund gibt u.E., gleichsam wider Willen, Popper. Er wiederum erkennt freilich die sich aus ihm ergebenden weitreichenden Konsequenzen im Hinblick auf die Logik der Handlungswissenschaften nicht. (Die hier angedeuteten erkenntnispsychologischen Quellen lassen sich in den folgenden systematischen Untersuchungen am besten in den Ausführungen auf den Seiten 41–49 wiederentdeckten!)

Kapitel 1
Über die Unmöglichkeit kausalwissenschaftlicher Sozialforschung

I

Gefördert durch die weitverbreitete Überzeugung ‚Je mehr Mathematik, desto wissenschaftlicher' hat sich seit geraumer Zeit in Ökonomie, Psychologie und schließlich auch Soziologie eine Tendenz zur verstärkten Verwendung und zunehmenden Komplizierung statistischer Techniken im Rahmen der sozialwissenschaftlichen Praxis international durchgesetzt. Sich dieser Tendenz entgegenzustemmen, muß immer mehr als Don-Quichotterie erscheinen, zumal die zunehmende Spezialisierung der reinen Methodiker und das ihnen zugewachsene Prestige zu einem Zustand geführt haben, in dem es für den Kritiker immer schwieriger wird, den Nachweis zu führen, daß er das, was er kritisiert, überhaupt im Detail versteht.

Man hat sich angesichts dessen, ob man es begrüßt oder nicht, nicht nur auf einen langwierigen Kampf mit zahllosen Einzelattacken einzustellen, vielmehr muß jede Kritik auch, gemäß den durch die Methodiker definierten Spielregeln, ihren Ausgang nehmen von einer konkreten, Verständnis beweisenden Darstellung approbierter Techniken, um erst dann – bei deren unterstellter interner Konsistenz – zu demonstrieren, daß ihre Anwendung Annahmen erfordert, die im Prinzip von jedermann als logisch unsinnig eingesehen werden können.

Im folgenden soll eine solche Kritik vorgetragen werden. Gleichsam in einem Generalangriff wird die Methode der sozialwissenschaftlichen Kausalanalyse aufs Korn genommen werden: es geht uns um den Nachweis, daß die Anwendung der Technik der Kausalforschung Annahmen erfordert, die, würden sie nur als solche erkannt, mit logischer Unausweichlichkeit zu dem Eingeständnis führen müßten, daß diese Technik in einem genau eingrenzbaren Bereich (dem der Sozialwissenschaften), in dem sie bisher unkritisch eingesetzt wurde, tatsächlich *nicht* anwendbar ist, da dort die erforderlichen Anwendungsvoraussetzungen fehlen.

Es gilt dies, so soll gezeigt werden, bezüglich all derjenigen Techniken, die es bei einem gegebenen Set von Daten gestatten, Konstanten zu berechnen, mittels deren eine gegebene, als abhängig aufgefaßte Variable in einen gesetzmäßigen (funktionalen) Zusammenhang mit anderen Variablen gesetzt wird. Ob dieser Zusammenhang linearer oder nicht-linearer Natur ist, ob es eine oder mehrere unabhängige Variablen gibt, ob – wie etwa bei Zeitreihenanalysen – die abhängige Variable selbst (zeitverschoben) auch als unabhängige fungiert, ob die Beziehung rekursiver oder nicht-rekursiver, deterministischer oder statistischer Art ist, usw., ist dabei gleichgültig: die Kritik bezieht sich auf alle Techniken (von der einfachen linearen Regression bis hin zu den vergleichsweise komplexen Verfahren der Zeitreihenanalyse), sofern dort *Konstanten* (einschließlich solcher, die nach einem konstanten Muster variable Werte annehmen) berechnet werden.

Daß die Verwendung solcher Techniken auf dem Vormarsch ist, muß dabei kaum mehr hervorgehoben werden: Im Rahmen der Ökonomie gewinnt die Ökonometrie als die ‚Heimat' all dieser Techniken[1] ständig an Boden – trotz der Kritik von Vertretern der ‚reinen' ökonomischen Theorie[2] – und auch in der Soziologie verspricht man sich zunehmend – sehr gefördert vor allem durch die Arbeiten Blalocks und Duncans[3] – alles Heil durch eine gründliche Ökonometrisierung.

II

Zwecks größerer Veranschaulichung der folgenden Argumentation sei angenommen, man habe aufgrund eines gegebenen Sets von Daten die Konstanten b_1 und b_2 der mulitplen Regressionsgleichung

$$Y = a + b_1X_1 + b_2X_2 + e$$

berechnet, wobei Y – die abhängige Variable – als lineare Funktion der unabhängigen Variablen X_1 und X_2 sowie einer Fehlergröße e mit einem Mittelwert von O aufgefaßt wird. Diese Gleichung oder, besser, die in ihr auftauchenden b-Konstanten können auf zweierlei Weise interpretiert werden: Man kann ihnen eine harmlose, aber völlig unübliche Interpretation geben, oder man kann ihnen die ‚normale' Interpretation geben, die aber nicht mehr harmlos ist, sondern vielmehr implizit Annahmen voraussetzen muß, deren Unangemessenheit zu demonstrieren sein wird.

Die harmlose Interpretation besagt: Die partiellen Regressionskoeffizienten (wie natürlich auch die a-Konstante) stellen nicht mehr dar, als eine *(verifizierbare)* Feststellung darüber, wie in einem gegebenen, abgeschlossenen, also historischen Set von Daten die Y-Werte aufgrund der X_1- und der X_2-Werte (sowie der Linearitätsannahme, plus der Annahme, daß es sich um additive Effekte handelt) am besten vorhergesagt werden können. Die Konstanten sind historisch-mathematische Fakten. Über die historischen Daten hinweg, an denen sie berechnet wurden, haben sie keinerlei Bedeutung: weder ist mit ihrer Berechnung die (falsifizierbare) allgemeine Hypothese eines entsprechenden universellen Zusammenhangs zwischen Y auf der einen, und X_1 und X_2 auf der anderen Seite impliziert, noch, daß es überhaupt eine konstante, gesetzmäßige Relation zwischen diesen Variablen gibt.

Gegen eine derart bescheidene Interpretation fällt es schwer, prinzipielle Einwände zu erheben; freilich wird ihr zufolge die Etablierung einer Gleichung wie der oben angegebenen auch zu einem Ereignis von höchst untergeordneter wissenschaftlicher Bedeutung: es handelte sich hierbei nicht um die Aufstellung eines theoretischen Satzes, sondern lediglich um Deskription von Fakten, noch dazu von einer Art, wie sie sich – bei einem gegebenen Datensatz, variierenden Annahmen über Funktionstypen und mit Computerunterstützung – in beliebiger Menge im Handumdrehen erzeugen lassen.

Tatsächlich gibt es denn wohl auch niemanden, der etwa eine Regressionsanalyse durchgeführt hätte, und dabei nicht mehr zu leisten meinte, als es diese harmlose Interpretation vorsieht. Ohne Ausnahme, so kann man getrost behaupten, wird stattdessen von einer anderen Interpretation ausgegangen: Das Aufstellen der obigen Gleichung wird gedeutet als Formulierung einer aufgrund neu in den Erfahrungshorizont einrückender Daten selbstverständlich falsifizierbaren, aber nicht: verifizierbaren allgemeinen Hypothese, die den durch die Konstanten der Gleichung konkret bestimmten Zusammenhang zwischen Y sowie X_1 und X_2 als universell gültig behauptet.

III

Die problematischen (impliziten) Annahmen, die diese Interpretation erfordert, werden rekonstruierbar im Ausgang von folgender Situation: Man habe versucht, die aufgrund der Analyse eines ersten Datensets erzielten und in Form der obigen Gleichung mit genau bestimmten Konstanten festgehaltenen Ergebnisse an neuen bzw. anderen Daten zu replizieren. Dieser Versuch ende damit, daß die für die Y- sowie die X_1- und X_2-Variable dieses zweiten Datensatzes durchgeführte multiple lineare Regressionsanalyse b-Konstanten erbringt, die signifikant von den für den ersten Datensatz ermittelten abweichen.

Der harmlosen Interpretation solcher Gleichungen zufolge bliebe ein derartiges Ereignis konsequenzenlos: Man hat erst ein historisch-mathematisches Faktum ermittelt, jetzt ein anderes, beide unterscheiden sich – das ist alles! Der ‚normalen' Interpretation zufolge jedoch hat man mit der mißlungenen Replikation die ursprüngliche Hypothese falsifiziert: Man hat den Nachweis erbracht, daß sie nicht universell gültig sein kann.

Was ist nun die Bedingung der Möglichkeit dafür, daß man sagen kann ‚falsifiziert'? Eine solche Aussage setzt notwendig das Verstandesprinzip ‚gleiche Ursache, gleiche Wirkung' bzw. ‚ungleiche Wirkung, ungleiche Ursache' voraus, mittels dessen die Möglichkeit einer Kontingenz (Variabilität) in der Wirksamkeit von Ursachen kategorisch ausgeschlossen, und stattdessen – ebenso kategorisch – Gesetzmäßigkeit (Konstanz) für beobachtbare Geschehensabläufe unterstellt wird. Dies Prinzip kann durch Erfahrung nicht falsifiziert werden, denn es läßt sich prinzipiell nie ausschließen, daß man zu einer als ‚ungleich' festgestellten Wirkung nicht auch in der Tat eine ‚ungleiche' Ursache prinzipiengemäß finden kann; und das Prinzip kann durch Erfahrung auch nicht bestätigt werden, denn der Schluß von der Feststellung zweier gleicher Wirkungen auf gleiche Ursachen ist ja nur dann konsequent, wenn man das Konstanzprinzip zuvor bereits als gültig unterstellt; unterstellt man es aber nicht, sondern räumt die Möglichkeit von Kontingenzen in der Wirksamkeit von Ursachen ein, so folgt logisch aus der Feststellung gleicher Wirkungen nichts hinsichtlich der Ursachen: und der nun zur Bestätigung des Konstanzprinzips erforderliche Nachweis, daß tatsächliche *alle* der den beiden ‚gleichen' Wirkungen zeitlich vorangehenden Ereignisse ebenfalls gleich waren, ist, da dies das Absuchen des gesamten Universums erforderte, prinzipiell unerbringlich.

Das Konstanzprinzip ist somit unabhängig von jeder Erfahrung, und man kann es insofern, wobei es auf Worte natürlich nicht ankommt, als ‚apriorisch' bezeichnen. Es ist aber, obwohl es selbst nicht aus Erfahrung stammen und durch sie widerlegt werden kann, doch selbst Bedingung der Möglichkeit von Erfahrungen, die sich, im Unterschied zu isoliert und zufällig nebeneinander stehenden ‚Erfahrungen' über empirische (historische) Fakten, als sich gegenseitig bestätigend oder widersprechend aufeinander beziehen lassen.[4] Erst die vorgängige Unterstellung von Konstanzen im Ablauf beobachtbarer Phänomene führt dazu, daß es so etwas wie ‚erklärungsbedürftige' Ereignisse und, daraus resultierend, mögliches Lernen (d.h. eine mögliche Überholung alter durch neue Erfahrungen) gibt bzw. geben kann; denn nur, wenn man ‚Konstanz' kategorisch unterstellt, kann ein Ereignisablauf als scheinbarer Widerspruch zu diesem Prinzip gedeutet werden und eine Frage nach den ‚ungleichen' Ursachen logisch zwingend aufkommen lassen.

Wenn also, um wieder zum Ausgangspunkt der Diskussion zurückzukehren, die mißlungene Replikation, der ‚normalen' Interpretation der Regressionsgleichung entsprechend, als ‚Falsifikation' der Ursprungshypothese aufgefaßt wird; und wenn man sich konsequenterweise veranlaßt sieht, die unterschiedliche Größe der b-Konstanten damit zu erklären, daß in *einer* Stichprobe ein oder mehrere Faktoren F im Hinblick auf die Verursachung von Y (implizit) wirksam waren, die in der *anderen* Stichprobe nicht, oder nicht in gleicher Weise wirksam waren; und wenn man sich schließlich aufgefordert sieht, diese Faktoren F (hypothetisch) zu explizieren, und sie der Ursprungshypothese, die nur eine systematische Wirksamkeit von X_1 und X_2 annahm, zu inkorporieren, um auf diese Weise eine alte durch eine (hoffentlich) verbesserte neue Hypothese zu ersetzen – so ist dies alles nur möglich, sofern man das Konstanzprinzip für Y und alle Y verursachenden Faktoren bereits unterstellt hat.

IV

Wir behaupten nun, daß es einen Objektbereich gibt, der *nicht* als Objektbereich, in dem ‚Gesetzmäßigkeiten' herrschen, konstituiert werden kann, und daß für diesen Bereich folglich auch keine Verhaltensgleichungen (wie die obige Regressionsgleichung), denen sich eine ‚normale' Interpretation geben ließe, formuliert werden können. Da die Geltung des Konstanzprinzips aufgrund äußerer, sensorischer Erfahrung, wie gezeigt, nicht in Frage gestellt werden kann, können es nur ‚innere' Erfahrungstatbestände, d.h. *logische* Gründe sein, die für die Unanwendbarkeit des Konstanzprinzips in diesem Bereich verantwortlich sind. Logische Gründe für die Unanwendbarkeit eines logischen Prinzips (d.i. eines reinen Verstandesprinzips) kann es aber nur im Hinblick auf Verstandesoperationen selbst geben. Es ist denn auch in der Tat der Bereich der reinen oder angewandten kognitiven Leistungen, d.h. der Bereich sprachlich formulierter wissenschaftlicher und vor-wissenschaftlicher Erkenntnisse bzw. Erfahrungen und der Bereich menschlicher Handlungen, die qua intentionale Handlungen[5] Gebrauch machen von derartigen (explizierbaren) kognitiven Leistungen, für den die Geltung des Konstanzprinzips nicht unterstellt werden kann, ohne sich damit in unausweichliche logische Widersprüchlichkeiten zu verwickeln: während das Verhalten der Gegenstände der äußeren Erfahrung niemals im Widerspruch zum Konstanzprinzip stehen kann, so ist dessen Geltung im Bereich menschlichen Erkennens und Handelns undenkbar.

Würde die Geltung des Konstanzprinzips für den Bereich menschlichen Erkennens und Handelns unterstellt, so implizierte dies, wie sogleich noch deutlicher werden wird, (logisch) die folgende Behauptung: Ich (und jeder andere Mensch) weiß zu jedem gegebenen Zeitpunkt genau und in vollem Umfang das, was ich jemals wissen werde; und meine Handlungen, die Gebrauch machen von diesem immer schon gewußten Wissen, werden vollzogen nach einem genau antizipierbaren Muster; es treten keine neuen, nicht schon jetzt, in der Gegenwart beschreibbaren Situationen auf, keine neuen, nicht schon jetzt bekannten Erkenntnis- bzw. Handlungsziele, und es werden in in immer gleichem zeitlichem Muster sich wiederholenden, immer gleichen Situationen bei immer gleichen Zielen auch immer gleiche Mittel angewendet.[6]

Jedermann weiß, und weiß dies mit größerer Gewißheit, als sie die Kenntnis selbst elementarster logischer und mathematischer Sätze jemals vermitteln kann, daß diese Behauptung in bezug auf menschliches Erkennen und Handeln unzutreffend ist.[7] Dabei ist, wie die Wahrheit logischer und mathematischer Sätze, so auch die Wahrheit des Satzes, daß Menschen nicht nicht lernen (daß sie nicht lernen, ist in dem oben dargestellten Zustand angenommen), unabhängig von kontingenten empirischen Erfahrungen: Könnten sie nicht lernen, so könnte selbstverständlich auch die Behauptung, daß sie nicht lernen, niemals falsifiziert werden, denn dazu müßte man gerade aus Erfahrung lernen können; kann man aber die Behauptung, daß Menschen nicht lernen können, hinsichtlich aller ihrer Implikationen entfalten und ihre Triftigkeit oder Nicht-Triftigkeit auf diese Weise feststellen – wie hier getan – so zeigt dies bereits, daß die Behauptung falsch ist und man in der Tat lernen kann.

Der Satz, daß Menschen lernen, gilt also apriori: Man kann ihn gar nicht argumentativ bestreiten, ohne ihn bereits vorausgesetzt zu haben; denn eine solche These als Argument vertreten zu wollen, bedeutete, die Möglichkeit einer Diskussion (sei es mit sich selbst, sei es mit anderen Personen) hinsichtlich der Validität der Aussage, d.i. die Möglichkeit als kontingent aufgefaßter Antworten grundsätzlich zuzugestehen, was ja nichts anderes wäre, als das Zugeständnis der Tatsache von Lernfähigkeit. Damit ist auf dem Wege eines argumentum a contrario bewiesen, daß das Konstanzprinzip im Rahmen menschlichen Handelns nicht gelten kann: Würde es gelten, so bedeutete dies, daß man nicht lernen kann – daß man lernen könne, daß man nicht lernen kann, kann man aber nicht behaupten, ohne sich damit schon selbst widersprochen zu haben.

V

Zu dem gleichen Resultat gelangt man auch auf direktem Weg: im Ausgang von dem Satz, daß Menschen lernen können, und der Entfaltung seiner Implikationen. Es folgt aus der bloßen Anerkennung dieses aufgrund empirischer Argumente gänzlich unbestreitbaren Satzes, daß sich mein Wissen (sowohl über die äußere Natur, andere Personen, wie auch mich selbst) und meine Handlungen (insofern sie qua intentionale Handlungen Gebrauch machen von diesem meinem Wissen) zu einem gegebenen Zeitpunkt t_1 von dem bzw. denen zu einem zweiten, späteren Zeitpunkt t_2 *so* unterscheiden bzw. nicht unterscheiden, daß es mir logisch unmöglich ist, schon zum Zeitpunkt t_1 vorauszusagen, ob, und wenn ja, in welcher Hinsicht mein Wissen bzw. meine Handlungen zum Zeitpunkt t_2 verändert sein werden. Wenn ich lernen kann, so heißt dies, daß ich nicht schon jetzt weiß, was ich einmal später wissen, und ebenso nicht, wie ich später, bei meinem dann gegebenen Wissen, handeln werde.[8] Würde ich dagegen schon heute voraussagen können, was ich erst morgen wissen werde, und wüßte ich schon heute, wie ich morgen (mit dem Wissen von morgen) handeln werde, so folgten die Veränderungen, denen mein Wissen und Handeln im Zeitverlauf unterliegt, einem konstanten, von mir schon in der Gegenwart gewußten und exakt antizipierbaren Muster und d.h.: Ich lernte nicht – ich wüßte vielmehr immer schon, was ich jemals wissen werde.

Was für mich gilt, gilt mutatis mutandis auch für andere Personen sowie für mich im Verhältnis zu diesen, wie auch für sie im Verhältnis zu mir: Sofern ich anderen Personen (und sie umgekehrt mir) Lernfähigkeit unterstelle – und man tut dies notwendigerweise wechselseitig immer dann, wenn man miteinander spricht und argumentiert bzw. wenn man davon ausgeht, daß man miteinander sprechen und argumentieren kann[9] – sind deren zukünftige Wissenszustände und die ihnen entsprechenden Handlungen für mich logisch unvoraussagbar, denn sie könnten aus dem von mir Gelernten (das ich nicht voraussagen kann) lernen; und umgekehrt können auch sie mein zukünftiges Wissen und meine entsprechenden Handlungen nicht voraussagen, denn ich könnte aus dem von ihnen Gelernten (das sie wiederum nicht vorauszusagen vermögen) lernen. Es gilt also allgemein: eine Gesellschaft lernfähiger Subjekte kann – selbst wenn man unterstellt, diese hätten ihre Gehirne zusammengeschaltet und wüßten, jeder für sich, zu jedem gegebenen Zeitpunkt, was alle anderen wissen – aus prinzipiellen logischen Gründen nicht ihre eigenen zukünftigen Wissenszustände und das ihnen entsprechende gesellschaftliche Zusammenspiel von Handlungen voraussagen.

Aus dem Satz, daß man zukünftige Zustände des Wissens und ihnen entsprechende Abläufe des Handelns – sei es im Hinblick auf die eigene Person, sei es hinsichtlich anderer Personen – nicht voraussagen kann (und zwar nicht aus praktischen, sondern aus logischen Gründen), ergibt sich unmittelbar, daß selbstverständlich auch der jeweils gegenwärtige Zustand von Wissen und Handeln aus der Sicht der Vergangenheit (und sei es auch aus der unmittelbar vergangenen Vergangenheit) nicht prognostizierbar war. Unser gegenwärtiges Wissen ist erst explizierbar in dem Augenblick, in dem wir es haben, und unsere intentionalen Handlungen sind erst in dem Augenblick erklärbar, in dem sie faktisch durchgeführt werden; und im gleichen Atemzug: unser zukünftiges Wissen kann erst in der Zukunft expliziert, und unsere noch gar nicht vollzogenen intentionalen Handlungen erst dann erklärt bzw. verstanden werden, wenn sie tatsächlich ablaufen; und schließlich auch: der Übergang von einem Zustand des Wissens in einen anderen, und, ganz entsprechend, der Übergang von einer intentionalen Handlung zu einer anderen, zeitlich folgenden, sowie die in solchen Übergängen sich dokumentierenden Konstanten bzw. Wechsel, können erst nachträglich, nach faktisch bereits vollzogenem Übergang rekonstruiert werden. Jedermann, der behauptete, er könne ‚mehr' (d.i.: prognositzieren), der behauptete die Möglichkeit des logisch Unmöglichen.[10]

Zu sagen: Wissenszustände und Handlungen (in denen bestimmte Wissenszustände manifest werden) bzw. der Wandel oder die Konstanz solcher Zustände und der ihnen entsprechenden Handlungen können, sofern wir uns – und dies notwendigerweise – als lernfähige Subjekte auffassen müssen, nicht prognostiziert, sondern nur ex post expliziert bzw. rekonstruiert werden, ist nun gleichbedeutend mit der Aussage: Das Konstanzprinzip gilt nicht im Bereich menschlichen Erkennens und Handelns: wir können nämlich nicht behaupten, ohne uns in einen logischen Widerspruch zu setzen zu dem apriori gültigen Satz, daß wir lernen können, es ließen sich für einen Wissenszustand bzw. eine intentionale Handlung konstante, zeitinvariante Ursachen finden, die dieselben prognostizierbar machten; und wir können gleichermaßen nicht behaupten, es sei möglich, eine Veränderung im Wissen oder Handeln (dem Konstanzprinzip entsprechend) ex ante durch den Aufweis bestimmter ‚ungleicher' Ursachen zu erklären.

VI

Wenn man sich selbst als lernfähig konstituiert, so impliziert dies rein logisch, daß man aufhört, sein Denken und Handeln als ‚verursacht' aufzufassen in dem Sinn, wie man die Gegenstände der Natur als verursacht konstituiert. Die Unterstellung von Lernfähigkeit impliziert vielmehr die Anerkennung des Satzes, daß man – ganz entgegen der im Konstanzprinzip enthaltenen Aussage – unter gleichen Bedingungen gerade auch unterschiedlich erkennen bzw. handeln kann, und, mutatis mutandis, unter ungleichen Bedingungen gleich. Sich als lernfähig zu denken, heißt, hinsichtlich des eigenen Erkennens und Handelns eine Kontingenz in der Wirksamkeit von Ursachen annehmen zu müssen: wer lernfähig ist, dessen Verhalten (Erkennen und Handeln) kann (aus rein logischen Gründen) nicht als durch Konstanten bzw. durch einen Ursachenkomplex von konstanter (sei es statistischer, sei es deterministischer) Wirksamkeit bestimmt gelten. Konstanten hinsichtlich der Verursachung von Ereignissen kann es logischerweise nur da geben, wo man es mit einem Gegenstandsbereich nicht-lernender Objekte zu tun hat bzw. korrekter: wo man einen Objektbereich als Bereich nicht-lernender Objekte allererst konstituiert. Sich selbst kann man aber als nicht-lernend gar nicht denken: nicht nur ist ein entsprechend dem im Konstanzprinzip ausgedrückten Schema operierender Verstand notwendig ein lernender Verstand (wir lernen über das Verhalten von uns als nicht-lernend entworfener Gegenstände)[11], die Behauptung, daß man nicht lerne, läßt sich vielmehr als Argument nicht einmal vertreten, ohne sie bereits implizit aufgegeben zu haben.

Kein Wissensfortschritt, wie dramatisch er sich auch immer ausnehmen möge, kann jemals daran etwas ändern, daß man sich selbst, sein Erkennen und Handeln, als ‚unverursacht' auffassen muß. Man mag diese Vorstellung von ‚Freiheit' für eine Illusion halten, und vom Standpunkt eines ‚Wissenschaftlers' mit einem der menschlichen Intelligenz eindeutig überlegenen kognitiven Vermögen, vom Standpunkt Gottes etwa, mag eine derartige Charakterisierung auch durchaus zutreffend sein: er mag für jeden Wissenszustand, für jede Handlung, und für jeden Übergang von Zustand zu Zustand bzw. von Handlung zu Handlung Ursachen von konstanter Wirksamkeit angeben können – nur: wir sind nicht Gott, und wenn unsere ‚Freiheit' auch von seinem Standpunkt eine Illusion sein sollte, für uns Menschen ist es jedenfalls eine (denk-) notwendige Illusion[12]: *Wir* können unser Wissen und unser Wissen manifestierendes Handeln nicht aufgrund vorhergehender Zustände prognostizieren.

VII

Kommen wir nun zurück zu der am Beginn der gegenwärtigen Diskussion stehenden Regressionsgleichung,

$$Y = a + b_1X_1 + b_2X_2 + e$$

und schließen auf diese Weise den Kreis der Argumentation: Die in dieser Gleichung auftretende abhängige Variable, Y, sei eine beliebige intentionale Handlung (oder auch, falls es sich um eine Aggregatgröße handelt, eine Variable, der intentionale Handlungen logisch notwendig zugrunde liegen), d.h. eine Handlung, die, ausgehend von der inneren und/oder äußeren Wahrnehmung einer bestimmten Ausgangssituation, ein bestimmtes, vorgestelltes, und gegenüber der Ausgangssituation und gegenüber anderen Alternativen präferiertes Ziel durch Einsatz bestimmter Mittel (erfolgreich oder nicht) zu realisieren versucht, und die insofern in dreierlei Hinsicht ‚Wissen' manifestiert: Wissen um die Existenz einer bestimmten Ausgangssituation, Wissen qua Vorstellung eines bestimmten, für realisierbar gehaltenen Handlungsziels, und Wissen bezüglich der für die Zielerreichung als geeignet angesehenen Mittel.

Mit Aufstellen einer derartigen Gleichung bzw. mit der anhand eines bestimmten Sets von Daten vorgenommenen Berechnung der in ihr auftretenden Konstanten wird nun, jedenfalls der ‚normalen' Interpretation zufolge, behauptet:

> ‚Es gibt einen Urachenkomplex, der mit konstanter Wirksamkeit Y bewirkt, und es ist möglich, aufgrund der Kenntnis dieses Komplexes und der Kenntnis der Art seiner Wirksamkeit (d.i. des Funktionstyps) etwa das Auftreten oder Nicht-Auftreten der (somit als dichotomische 0/1 Variable aufgefaßten) intentionalen Handlung Y vorauszusagen.
> Aufgrund der angesichts einer bestimmten Datenmenge gemachten Erfahrungen wird der Y-erklärende und zu prognostizieren gestattende Ursachenzusammen-

hang sowie die Form seiner Wirksamkeit im Hinblick auf Y vorläufig, hypothetisch so bestimmt, wie in der obigen Gleichung (mit hinsichtlich der Größe berechneten Konstanten) angegeben. Neue Erfahrungen können die Revisionsbedürftigkeit dieser konkreten Annahme über Ursachevariablen und Funktionstyp ergeben: An die Stelle der obigen Gleichung können (durch die Erfahrung der Nicht-Replizierbarkeit der aufgrund der Ursprungshypothese postulierten Ergebnisse veranlaßt) andere Gleichungen mit diesbezüglich anderen Annahmen treten – vielleicht eine der folgenden (oder irgendeine andere):

$$Y = a + b_1 X_1 + b_2 X_2 + b_3 X_3 + e \quad (1)$$
$$Y = a + b_1 Z + b_2 X_2 + e \quad (2)$$
$$Y = a + b_1 \log X_1 + b_2 X_2 + e \quad (3)$$
$$Y = a + b_1 X_1 + b_2 X_2 + b_3 X_1 X_2 + e \quad (4)$$

Hierbei ist in Gleichung (1) angenommen, daß neben X_1 und X_2 auch X_3 zu den Ursachenvariablen zählt; Gleichung (2) nimmt an, daß nicht, wie ursprünglich unterstellt, X_1, sondern eine (mit X_1 korrelierte) Variable Z Ursache von Y ist; Gleichung (3) nimmt hinsichtlich der Wirkung von X_1 nicht länger eine lineare Beziehung an; und Gleichung (4) schließlich unterstellt neben den additiven Effekten von X_1 und X_2 noch einen interaktiven Effekt der beiden Variablen. Gleichgültig aber, welche Gleichung im Zuge neuer Erfahrungen an die Stelle der ursprünglichen tritt, oder auch, ob die ursprüngliche immer wieder bestätigt werden kann – *daß* Y vorausgesagt werden kann, gilt unbedingt, wie sehr man sich über die konkrete Voraussagegleichung auch immer streiten mag.‘

Unsere vorangehenden Ausführungen haben den u.E. unbestreitbaren logischen Nachweis geliefert, daß diese Behauptung vom ersten bis zum letzten Satz als ‚Unsinn‘ einzustufen ist: es involviert einen unvermeidlichen logischen Widerspruch, zu behaupten, es ließe sich für Y ein Ursachenkomplex von konstanter Wirksamkeit finden, und wenn Y als ‚verursacht‘ nicht widerspruchsfrei gedacht werden kann, dann kann selbstverständlich auch nicht die Rede davon sein, die Behauptung über einen konkret bestimmten Ursachenkomplex und über eine ebenso konkret bestimmte Wirksamkeitsweise ließe sich durch Erfahrung bestätigen oder falsifizieren. Wo es konstante Relationen gar nicht gibt, da können sich zwei Erfahrungen bezüglich solcher in Relation gesetzten Variablen auch nicht wechselseitig bestätigen oder widersprechen.

Dies Verdikt ergibt sich aus dem hier noch einmal wie folgt zusammengefaßten Beweisargument:

(1) Ich und – qua mögliche Gesprächs- bzw. Argumentationspartner: – andere Menschen kann bzw. können lernen. (Diese Aussage kann argumentativ nicht bestritten werden, ohne ihre Richtigkeit bereits implizit zuzugestehen. Sie zu bestreiten hieße nämlich, die logisch unsinnige bzw. widersprüchliche These zu vertreten, man könne lernen, daß man nicht lernen könne. – Der Satz (1) ist also apriori gültig.)

(2) Wenn man lernen kann, kann man zu keinem Zeitpunkt wissen, was man zu einem beliebigen späteren Zeitpunkt wissen wird und wie mit diesem Wissen ge-

handelt wird. (Wüßte man zu einem gegebenen Zeitpunkt immer schon, was man einmal später wissen wird, so lernte man nicht – dazu aber siehe Satz (1).)[13]

(3) Die Behauptung, man könne eigene und/oder fremde Wissenszustände und die entsprechenden, Wissen manifestierenden Handlungen voraussagen (d.i. hierfür als ‚Ursache' interpretierbare Variable finden), involviert einen logischen Widerspruch: wenn das Subjekt eines Wissenszustandes bzw. einer intentionalen Handlung lernen kann, dann gibt es hierfür keine ‚Ursachen'; gibt es aber ‚Ursachen', so kann es nicht lernen – dazu aber siehe wieder Satz (1).

Die vermeintlichen Ursachen von Y qua intentionaler Handlung und die vermeintlichen Konstanten, mittels deren Y und ‚Ursachen' zueinander in Beziehung gesetzt werden, sind in Wahrheit nichts anderes, nichts bedeutenderes, als Variablen, die man zu einem bestimmten historischen Zeitpunkt in kontingenten kovariativen Zusammenhängen mit Y gefunden hat.[14]

Und es ist auch ein bloß kontingentes historisch-mathematisches Faktum (aber keine Hypothesenbestätigung!), sollte man diese kovariativen Zusammenhänge an neuen oder anderen Daten abermals in (annähernd) identischer Weise feststellen können: Daß Personen in einer bestimmten, durch angegebene Variablen definierten Situation gleichartig handeln, d.i. gleiches Wissen zur Anwendung bringen, ist prinzipiell ‚zufällig', da man, wenn man lernen kann, selbstverständlich auch logisch unmöglich voraussagen kann, ob eine Person von einem Zeitpunkt zum anderen tatsächlich lernt oder nicht lernt, sondern sich dies immer erst post festum als bereits feststehendes Faktum konstatieren läßt.

Und schließlich muß auch eine Veränderung in derartigen kovariativen Zusammenhängen (d.i. – in der Ausdrucksweise des Konstanzprinzips: – eine ‚ungleiche Wirkung') prinzipiell als eine ‚zufällige' Tatsache (und nicht als Hypothesenfalsifikation) aufgefaßt werden; denn wenn man lernen kann, ist es nicht nur eine logische Unmöglichkeit vorauszusagen, ob man in einem bestimmten Zeitraum tatsächlich lernen wird, sondern ebensosehr ist es ausgeschlossen anzugeben, was man lernen wird, wenn man tatsächlich lernen sollte.[15]

Jeder Versuch, den prinzipiell kontingenten, zufälligen Charakter festgestellter (oder postulierter) Relationen, sowie ihrer Veränderung oder ihrer Konstanz im Zeitverlauf zu bestreiten, und alldem eine kausale Interpretation zu geben, ist logisch unsinnig. Es gibt im Bereich menschlichen Erkennens und Handelns keine Ursachen – jedenfalls kann unser Verstand ihre Existenz nicht denken, ohne sich in einen Widerspruch zu verwickeln – und folglich gibt es auch keine sozialwissenschaftliche Kausalanalyse.[16]

Kapitel 2
Die Unmöglichkeit kausalwissenschaftlicher Sozialforschung. Eine Untersuchung zur Begründung der Soziologie als rekonstruierender Handlungswissenschaft (‚Handlungsgrammatik')

I

Es ist vermutlich nur noch eine Minderheit unter den professionellen Sozialwissenschaftlern, und ihre Zahl dürfte sogar weiter im Abnehmen begriffen sein, die nicht folgende Aussage als programmatischen Satz über die ‚Logik der Sozialwissenschaften' zu unterschreiben bereit wäre: Wesentliche Aufgabe der Sozialwissenschaften, wie der Wissenschaften insgesamt, ist die ‚Erklärung'. In den Sozialwissenschaften speziell geht es um die Erklärung menschlicher Handlungen aufgrund von inneren und/oder äußeren, sei es im deterministischen, sei es im statistischen Sinn wirksamen Ursachen (Variablen). Die Erklärungshypothesen sind so zu formulieren, daß sich aus ihnen bedingte Prognosen logisch ableiten lassen, deren Eintreten oder Nicht-Eintreten als Bestätigung oder Widerlegung (Falsifikation) der Hypothese zu gelten hat. Bestätigen empirische Erfahrungen eine Hypothese, so ist dies kein Beweis ihrer Wahrheit: spätere Erfahrungen können sie prinzipiell immer falsifizieren. Wird die Hypothese dagegen durch empirische Erfahrungen widerlegt, so muß im Hinblick auf die als erklärungsbedürftig eingestufte Handlung eine neue Erklärung mit veränderten Annahmen über den entsprechenden Ursachenkomplex entwickelt werden: auf dem Weg über negative, enttäuschende Erfahrungen, und aufgrund einer entsprechenden Elimination bestimmter Hypothesen aus dem Reservoir aller denkbaren Hypothesen, entwickelt sich (sozial-)wissenschaftlicher Fortschritt.[1]

So vernünftig erscheint diese Position mittlerweile nicht nur dem Wissenschaftler, sondern auch dem Laien, daß man fast befürchten muß, erstaunt angesehen zu werden, würde man im Gegensatz dazu behaupten, es ginge in den Sozialwissenschaften *nicht* um kausale Erklärungshypothesen und deren systematischen Test an empirischen Erfahrungen; und sollte man sich weitergehend gar dazu versteigen, zu sagen, derartige Hypothesen und durch falsifizierende Ereignisse angeregte Hypothesenfortentwicklungen seien in den Sozialwissenschaften sogar unmöglich, so wird einem vermutlich sogleich die Schelle des Irrationalismus, Obskurantismus, Essentialismus oder Dogmatismus umgehängt werden. Zu sehr auf der Hand liegend und schlagend erscheint auch von der eingangs dargestellten Position her die Antwort auf derartige ‚Vorwürfe', als daß man vor solchen Charakterisierungen zurückschrecken müßte: ob es in den Sozialwissenschaften kausale Erklärungen und empirische Tests gebe oder nicht, so etwa läßt sich die Antwort antizipieren, das sei doch schließlich eine Frage der Erfahrung; prinzipielle, kategorische Erörterungen darüber seien von vornherein unangebracht.

Es soll nun (1) gezeigt werden, daß diese Antwort einer gründlichen Analyse nicht standhält: man lernt nicht aus Erfahrung, daß es Kausalität gibt oder nicht gibt, vielmehr ist umgekehrt eine erfahrungsunabhängige Verstandesregel die Voraussetzung dafür, daß man von einem Lernen aus Erfahrung, von Hypothesenbestätigung und -falsifikation überhaupt reden kann. Dann, (2) nachdem die Frage ,Gibt es in einem bestimmten Gegenstandsbereich kausale Erklärungen?' als nicht-empirische, vielmehr als erkenntnislogische Frage herausgearbeitet worden ist, soll nachgewiesen werden, daß es aus der logischen Analyse der erwähnten Verstandesregel selbst folgt, daß dies Prinzip im Bereich der Sozialwissenschaften nicht gelten kann. Und abschließend (3) gilt es aufzuzeigen, welche Revisionen hinsichtlich des Selbstverständnisses der empirischen Sozialwissenschaften sich aus der Anerkennung der Korrektheit des unter (1) und (2) Demonstrierten notwendigerweise ergeben.

II

Der klassische Empirismus, insbesondere D. Hume[2], hat den Nachweis erbracht, daß der Eindruck einer notwendigen Verknüpfung zweier oder mehrerer Ereignisse nicht aus der Erfahrung stammen kann: ein Band, so stellt Hume fest, das Ereignisse beobachtbar verknüpft, gibt es nicht.[3] Für den Empirismus, der nur Begriffe als zulässig anerkennt, die in irgendeiner Form aus unmittelbarer Erfahrung abgeleitet werden können, folgt aus dieser Einsicht, daß es den Begriff der Kausalität qua Gewißheit einer notwendigen Verknüpfung nicht gibt und nicht geben kann. Aufgrund von Erfahrung rechtfertigbar und somit im System wissenschaftlicher Begriffe zulässig, so argumentiert Hume weiter, ist allein ein sehr viel bescheidenerer Kausalitätsbegriff: Kausalität als zeitliche Aufeinanderfolge von Ereignissen, wobei die wiederholte Beobachtung einer solchen Aufeinanderfolge die anfängliche Erfahrung Schritt für Schritt in eine mehr und mehr bewährte Erfahrung transformieren kann und schließlich auch zur Entstehung des subjektiven Eindrucks zu führen vermag, daß die fragliche Ereigniskette tatsächlich eine ,notwendige' Verknüpfung darstellt. Da jedoch ein Ereignisse sichtbar verknüpfendes Band prinzipiell nicht beobachtet werden kann, ist auch dieser Notwendigkeitseindruck nie eine Gewähr dafür, daß eine Erfahrung nicht doch schließlich widerlegt wird. Kurz: Gewißheit hinsichtlich der Erfahrung kausaler Relationen ist unerreichbar und Falsifikation immer möglich.

Ersichtlich ist dieser ,bescheidene' Kausalitätsbegriff mit dem identisch, von dem auch die eingangs dargestellte Position zur Logik der Sozialwissenschaften ausgeht. – Ist es nun zutreffend, wie von empiristischer Seite immer wieder unterstellt, daß dieser Begriff tatsächlich aus der Erfahrung stammt und durch sie gerechtfertigt werden kann? Hat der klassische Empirismus in der Tat den Nachweis geliefert, daß die Frage, ob es in einem beliebigen Gegenstandsbereich ,Kausalität' gibt oder nicht, nur durch Erfahrung entscheidbar ist (und nicht durch logische Analyse!)?

Die Einsicht, daß beide Fragen verneint werden müssen, verdanken wir Kant.[4] Dessen Leistung wird gelegentlich dahingehend verstanden, als sei es ihm um die Rehabilitierung des von Hume kritisierten, ersterwähnten Kausalitätsbegriffs gegangen.[5] Obwohl Kant einer solchen Interpretation gelegentlich Vorschub geleistet hat[6], stellt sie jedoch eine völlige Fehleinschätzung seiner Position dar.[7] Entgegen dieser Interpretation *akzeptiert* Kant die Humesche Zurückweisung des erstgenannten Kausalitätsbegriffs. Um diesen Begriff geht es ihm (Kant) nirgends, sondern um den Nachweis, daß gerade der bescheidenere Kausalitätsbegriff – anders als die Empiristen glauben – nicht aus der Erfahrung stammt, sondern ein erfahrungsunabhängiges logisches Prinzip zur Voraussetzung hat.

Um was für ein Prinzip es sich dabei handelt, wird deutlich, wenn man sich die Frage vorlegt, unter welchen Bedingungen allein die Rede davon sein kann, daß eine Erfahrung hinsichtlich einer kausalen Beziehung (i.S. zeitlicher Kontiguität) zwischen zwei oder mehr bestimmten Variablen *durch eine andere Erfahrung bestätigt worden ist.*[8] Die Voraussetzung hierfür läßt sich präzise bestimmen: Sie besteht in der kategorischen Unterstellung, daß es eine Variabilität (Kontingenz) in der Wirksamkeit von Ursachen nicht gibt. Nur wenn Ursachen eine zeitinvariante Wirksamkeit unterstellt wird, folgt nämlich aus der Feststellung der *Nicht*-Wiederholung einer bestimmten Erfahrung bezüglich einer Ursache-Wirkung-Folge logisch, (1) daß man (noch) nicht die wahre Ursache der fraglichen Wirkung gefunden hat[9], und (2), daß eine Wiederholung insofern positiv zu bewerten ist, als man auch die negativ bewertete Erfahrung einer Nicht-Wiederholung hätte machen können.

Erfahrung, so kann man feststellen, lehrt allenfalls, daß sich bestimmte Beobachtungen bezüglich kausaler Folgen neutral als Wiederholungen oder Nicht-Wiederholungen klassifizieren lassen. Zu positiven bzw. negativen Erfahrungen aber werden diese ‚an sich' neutralen Erfahrungen erst, wenn man – erfahrungsunabhängig – Variabilität der Wirksamkeit von Ursachen vorweg schon kategorisch ausgeschlossen hat.

Zum gleichen Resultat gelangt man auch in Beantwortung der Frage nach den Voraussetzungen dafür, daß man von einer Erfahrung als falsifizierender Erfahrung sprechen kann.[10] – Wenn man annimmt, daß sich die Art der Wirksamkeit von Ursachen im Zeitverlauf ändern kann, d.i. sie einmal so, und ein andermal anders wirken können, so kann die Erfahrung der Nicht-Wiederholung einer bestimmten Ereignisfolge unmöglich als Ereignis gedeutet werden, das die Unrichtigkeit der Ersterfahrung anzeigt und damit eindeutige Konsequenzen bezüglich dieser Erfahrung (d.i. deren Revision) verlangt; vielmehr sind unter den vorausgesetzten Annahmen eine gegebene Ersterfahrung und deren Nicht-Wiederholung zwei *miteinander vereinbare Ereignisse,*[11] die als solche neutral registriert werden, aus deren Aufzeichnung aber logisch keinerlei Konsequenzen folgen. Erst, wenn stattdessen kategorisch eine Invarianz der Wirksamkeit von Ursachen unterstellt ist, erweist sich die Feststellung einer Nicht-Wiederholung als folgenreich: wenn nämlich ein Ereignis tatsächlich Ursache eines anderen ist *und* Ursachen eine zeitinvariante Wirksamkeit besitzen, dann muß zwischen Ursache- und Wirkungsereignis jedesmal derselbe funktionale Zusammenhang festgestellt werden können; und entsprechend zeigt eine Nicht-Wiederholung an (1), daß die vermeintliche Ursache nicht die wahre sein kann, und (2), daß die Gegensätzlichkeit der Erfahrungen erklärt werden muß durch den Aufweis anderer systematisch wirksamer, aber unberücksichtigt gebliebener Ursachen, mit denen die vermeintliche Ursache in unterschiedlicher Weise kontingent korreliert war.[12]

III

Als das dem bescheidenen Kausalitätsbegriff des Empirismus (wie auch der eingangs vorgestellten Konzeption der ‚Logik der Sozialwissenschaften') zugrundeliegende Verstandesprinzip ist damit das sogenannte ‚Konstanzprinzip' herausgearbeitet worden. In seiner kürzesten Fassung besagt es, daß Ursachen eine zeitinvariante Wirksamkeitsform besitzen. Es stellt die logische Grundlage für die bekannte Regel ‚gleiche Wirkung = gleiche Ursache' bzw. ‚ungleiche Wirkung = ungleiche Ursache' dar, dergemäß wir Wiederholungen als Bestätigungen und Nicht-Wiederholungen als Falsifikationen (jeweils in der oben erläuterten Bedeutung) interpretieren. Nur bei vorausgesetzter Wirkungskonstanz folgt in der Tat — entsprechend der in der Regel ausgedrückten Äquivalenzbeziehung — aus der Feststellung zweier gleicher Wirkungen, a) allgemein, daß auch der Ursachenkomplex beidemal identisch gewesen sein muß, und b) konkret, daß eine Hypothese, die ein bestimmtes Ereignis als Ursache einer gegebenen Wirkung behauptet, insofern bestätigt wurde, als beidemal derselbe kovariative Zusammenhang festgestellt werden konnte, obwohl dieser auch hätte verschieden sein können, was die Ursache als Ursache disqualifiziert hätte; und auch: erst bei vorweg angenommener Wirkungskonstanz folgt logisch aus der Feststellung, daß ein bestimmter kovariativer Zusammenhang zwischen gegebenen Variablen in zwei Fällen (deutlich) verschieden war, a) allgemein, daß auch beidemal eine unterschiedliche Konstellation hinsichtlich des Ursachekomplexes vorgelegen haben muß, und b) konkret, daß die als Ursache angesetzte Variable nicht die wahre Ursache sein kann, sondern mit der (nicht-explizierten) wahren Ursache in beiden Fällen verschiedenartig kovariiert gewesen sein muß.

Obwohl selbst Voraussetzung für ein ‚Lernen aus Erfahrung' — für Hypothesenbestätigungen und -falsifikationen — ist das Konstanzprinzip bzw. die es logisch voraussetzende Regel ‚gleiche Wirkung = gleiche Ursache' dabei selbst erfahrungsunabhängig. Paradoxerweise sind es die Empiristen gewesen, die dies gezeigt haben; denn ihre Aussage, daß kausalitätsstiftende Bänder zwischen Ereignissen nicht beobachtet werden können, ist gleichbedeutend mit der, daß ein Satz wie ‚Ursachen weisen eine zeitinvariante Wirksamkeitsform auf' nicht durch Erfahrung gerechtfertigt werden kann. Positiv gesehen kann Erfahrung niemals die Richtigkeit eines solchen Satzes zeigen, weil es Erfahrungen von Ereignis*verknüpfungen* nicht gibt, und selbst wenn es sie gäbe, man den Verknüpfungen doch nicht ansähe, ob sie die verknüpften Ereignisse *zeitinvariant,* d.i. in immer gleicher Form verbinden. Und negativ gesehen kann Erfahrung diesen Satz niemals falsifizieren, weil sich prinzipiell nicht ausschließen läßt, daß sich zu einer als ‚ungleich' festgestellten Wirkung nicht auch tatsächlich eine ‚ungleiche Ursache' regelgemäß finden läßt.[13]

Es ergibt sich damit, daß ein Prinzip, das selbst *nicht* aus individueller Erfahrung stammen, und das *kein* Resultat individuellen Lernens sein kann, die Voraussetzung (kantisch: die Bedingung der Möglichkeit) dafür ist, daß man individuell bestätigende und falsifizierende Erfahrungen machen und aus Irrtümern lernen kann. – Man sieht es Erfahrungen nicht an, ob sie bestätigend oder falsifizierend sind, ob man aus bestimmten Ereignissen etwas lernen kann und/oder soll und ob es zeitinvariant wirksame Ursachen gibt, sondern es ist unser Verstand, der bestimmte Erfahrungen zu Bestätigungen und Falsifikationen und ‚an sich' neutrale Erfahrungen zu Lernprozesse induzierenden Stimuli *macht,* indem er einer nicht-erworbenen, durch Erfahrung unbelehrbaren logischen Disposition folgend, beobachtbare Ereignisabläufe so *behandelt,* als ob sie grundsätzlich von zeitinvariant wirksamen Ursachen gesteuert würden. M.e.W.: Kausalität ist nicht in der Welt, sondern ist eine Strategie unseres Verstandes, sich in der Welt lernend zurechtzufinden; es ist keine Eigenschaft der Gegenstände, mit denen sich der Verstand beschäftigt, sondern eine Eigenschaft, die ihm selbst zukommt, eine Eigenschaft seines modus operandi.

Entgegen den dezisionistischen Anklängen von Formulierungen wie ‚der Verstand macht' bzw. ‚der Verstand behandelt'[14], ist dabei, nicht zuletzt um Mißverständnissen vorzubeugen, zu betonen, daß weder der grundsätzliche Einsatz des diskutierten Verstandesprinzips, noch dessen Inhalt, zum Gegenstand kontingenter individueller Dezisionen gemacht werden kann. Das Konstanzprinzip ist vielmehr eine universale mentale Struktur, und jeder, der irgendwann einmal aus Erfahrung gelernt hat, hat es schon (stillschweigend) vorausgesetzt und zur Anwendung gebracht. Das Prinzip steht genausowenig zur individuellen Disposition wie die Frage, ob man aus Erfahrung lernen soll oder nicht.

Und auch einem zweiten möglichen Mißverständnis im Zusammenhang mit dem gegenwärtig erörterten Verstandesprinzip soll hier ausdrücklich entgegengetreten werden: dem, daß ein logisches Operationsschema deshalb bereits als ‚willkürlich' eingestuft werden muß, weil es als erfahrungsunabhängig (i.o.a. Sinn) zu gelten hat, und daß man Zuflucht nehmen muß zu einer idealistischen Erkenntnistheorie (= Die Realität ist eine Materialisierung des Verstandes!), um die Anwendbarkeit eines ‚reinen' Verstandesprinzips auf die Realität erklären zu können. Die Unangemessenheit solcher Interpretationen erhellt, sowie man reine Verstandesprinzipien als das begreift, was sie sind – als Ergebnisse des Evolutionsprozesses. – Wie die Flosse eines Fisches vom Fisch nicht aufgrund der Erfahrung des Wasserlebens und dortiger Fortbewegungsmöglichkeiten ‚erworben' wird, sondern für jedes einzelne Exemplar der Gattung eine ‚Gegebenheit' ist, so sind auch die Strategien im Umgang mit Erfahrungsgegenständen, wie sie im Konstanzprinzip zum Ausdruck kommen, für jedes Individuum vor-gegeben, apriori; aber so, wie Flossen im Verlauf der Stammesgeschichte (nicht: der Individualgeschichte) sich als Wasserwerkzeuge auch bewähren, d.i. dem Wasserleben als angemessen herausstellen müssen, um eine dauerhafte Existenz von Fischen zu ermöglichen, so müssen auch die reinen Verstandesprinzipien als stammesgeschichtlich erworbene und bewährte Strategien aufgefaßt werden. Obwohl erfahrungsunabhängig, sind sie somit alles andere als ,willkürlich': sie sind Ergebnisse eines phylogenetischen Lernvorgangs.[15]

IV

Ein Verständnis der Eigentümlichkeit reiner Verstandesprinzipien ist im Rahmen der hier insgesamt vorgetragenen und noch vorzutragenden Argumentation von zentraler Bedeutung. Angesichts einer in der Wissenschaftspraxis dominierenden naiv-empiristischen Grundposition, von der her aprioristische logische Prinzipien als ,Unding' erscheinen, oder doch zumindest als etwas, dem mit allergrößter Skepsis begegnet werden muß, soll darum, ehe der eigentliche Argumentationsgang fortgesetzt wird – gleichsam in Parenthese – noch ein zweites, verständnisförderndes Beispiel eines reinen Verstandesprinzips kurz erörtert werden.

Wie die Kausalitätsvorstellung, so ist für den klassischen Empirismus auch die Substanzvorstellung (d.i. die Vorstellung von Gegenständen als Objekten, die eine von subjektiven Wahrnehmungen dieser Gegenstände *unabhängige* Existenz besitzen) Gegenstand detaillierter erkenntnistheoretischer Analysen gewesen. Bei Locke schon findet man das Resultat dieser Analyse präzise formuliert: Eine aus der Erfahrung stammende Vorstellung von Substanzen gibt es nicht und kann es nicht geben.[16] Diese Lockesche Einsicht ergibt sich aus der Tatsache, daß man das dritte Ereignis der Ereignisfolge: Gegenstandswahrnehmung – Verschwinden des Gegenstandes aus dem Wahrnehmungsbereich – erneute Wahrnehmung des fraglichen Gegenstandes, immer *sowohl* deuten kann als das Wiederfinden eines Gegenstandes, der nie aufgehört hat zu existieren, *als auch* als eine Re-Kreation eines in seiner Existenz unterbrochenen Gegenstandes in bzw. mit der Wahrnehmung, *ohne dabei jemals in Widerspruch zu Erfahrung geraten zu können.* Die Konsequenz aus der Einsicht in die Erfahrungsunabhängigkeit der Substanzvorstellung hätte – unter empiristischen Prämissen – die Verbannung des Substanzbegriffs aus dem Bestand legitimer wissenschaftlicher Begriffe sein müssen. Inkonsequent genug hat jedoch keiner der klassischen Empiristen diesen Schritt wirklich vollzogen.[17]

Locke verteidigt diese Inkonsequenz mit dem Hinweis, daß die Substanzvorstellung uns nun einmal lieb und teuer, weil nützlich sei.[18] Worin die Nützlichkeit der Vorstellung allerdings besteht, darüber findet man bei ihm nichts Nennenswertes. Dennoch ist die Charakterisierung der Substanzvorstellung als ,nützlich' zutreffend. ,Nützlich' ist sogar ein ausgesprochenes understatement angesichts der Bedeutung dieser Vorstellung. Sie ist vielmehr – trotz der Tatsache, daß sie nicht individueller Erfahrung entstammen kann – eine (lebens-)notwendige mentale Struktur, nicht weniger notwendig als etwa der Besitz eines Organs wie der Lungen.

Daß man nämlich angesichts von aus dem Wahrnehmungsbereich verschwundenen Gegenständen grundsätzlich immer ein *aktives Suchen* für möglich hält, mit einem *Wiederentdecken* der Gegenstände als dessen Resultat, ist das Ergebnis einer ,blind' vorausgesetzten Substanzvorstellung. Anders formuliert: Die Substanzvorstellung ist die logische Voraussetzung (Bedingung der Möglichkeit) für jede Ingangsetzung einer

Suchaktivität[19]; ohne sie gäbe es das Phänomen des Suchens nicht.[20] – Auf ein auf das Wiederfinden von Gegenständen gerichtetes aktives Suchen läßt sich aber – und es gehört wenig Phantasie dazu, sich dies auszumalen – sowenig verzichten, wie auf den Besitz von Herz, Lungen und Nieren.[21] Wie diese Organe, ist auch die Substanzvorstellung ein unverzichtbares Resultat eines stammesgeschichtlichen Lernprozesses: eine erfahrungsunabhängige Gegebenheit zwar für jedes Individuum, und doch eine in der Generationenfolge bewährte (lebens-)notwendige Anpassungsleistung.

V

Nach dieser zusätzlichen Veranschaulichung reiner, aprioristischer Verstandesprinzipien, kommen wir zurück zum eigentlichen Thema. Es sei angenommen, die bisherige Argumentation sei als überzeugend akzeptiert, und man gebe zu, daß die Frage nach der Existenz kausaler Gesetzmäßigkeiten nicht empirischer, sondern epistemologischer Natur ist: man lernt nicht aus Erfahrung, daß es Gesetzmäßigkeiten gibt oder nicht, sondern der nach einem bestimmten, ausführlich erörterten Schema operierende Verstand *konstituiert* Gegenstände, die sich gesetzmäßig verhalten. Warum soll der Verstand nun nicht auch den Gegenstandsbereich der Sozialwissenschaften: menschliches Handeln und Erkennen, als durch Gesetze geregelt konstituieren können? Wenn er es ist, der eine gesetzmäßig ablaufende Welt aufgrund eines bestimmten Operationsmodus im Prinzip erschaffen kann, warum nicht auch im Spezialfall des (Welt-)Ausschnitts ‚Soziale Welt'? Was ist so eigentümlich hinsichtlich der sozialen Welt, daß das, was sonst möglich ist, hier nicht möglich sein soll?

Ersichtlich wäre es völlig unangebracht, hier empirische Merkmale anzuführen: so unzulässig es ist, auf empirische Ähnlichkeiten von Gegenstandsbereichen zu verweisen, um eine ‚einheitliche' Logik der empirischen Wissenschaften zu begründen, so unzulässig ist es, auf Differenzen abzustellen, um die gegenteilige Auffassung argumentativ zu vertreten. Ob und warum ein bestimmter Gegenstandsbereich keine Gesetze aufweist, muß vielmehr, wenn es der Verstand ist, der Gesetzmäßigkeit in die Welt bringt, aus der Analyse des Verstandes selbst folgen. In der Tat soll gezeigt werden, daß sich aufgrund der logischen Analyse des oben ausführlich erörterten – erfahrungsunabhängigen – mentalen Operationsprinzips zwingend die Notwendigkeit einer Unterscheidung zwischen einem Gegenstandsbereich mit Kausalität (Naturwissenschaften) und einem ohne Kausalität (Sozialwissenschaften) ergibt, sowie die präzise Abgrenzung der beiden Bereiche voneinander.

Ein Verstand, der einem gegenständlichen Geschehen Gesetzmäßigkeit (d.i. konstante Relationen zwischen beobachtbaren Größen) aufzwingt, indem er nach der Regel ‚gleiche Wirkung = gleiche Ursache' bzw. ‚ungleiche Wirkung = ungleiche Ursache' arbeitet, kann *sich selbst,* d.i. seine eigenen zu verschiedenen Zeitpunkten bestehenden Zustände (Erfahrungs-Zustände) logisch unmöglich[22] gleichfalls als durch konstante Relationen gekennzeichnet auffassen. Würde er nämlich annehmen, der Übergang von einem seiner Zustände in einen anderen sei durch von ihm auffindbare Gesetze (Konstanten) geregelt, so daß er aufgrund eines Zustands die nachfolgenden prognostizieren könnte, so würde dies logisch implizieren, daß es für diesen Verstand *keine* Erfahrung geben kann, die, wie die Feststellung ‚ungleicher Wirkungen', vorhergehende Zustände falsifizieren und als solche eine Zustands*änderung* erfordern kann. Gibt es für einen Verstand jedoch falsifizierende Erfahrungen ungleicher Wirkungen, d.i. Erfahrungen von Nicht-Wiederholungen, die der Verstand ausnahmslos als eine nur *scheinbare* Inkonstanz des gegenständlichen Geschehens interpretiert, die sich in Wahrheit immer einem eigenen Irrtum bezüglich der wahren Ursachen verdankt, so muß er die eigenen Zustandsfolgen zwingend als variabel, als inkonstant denken. Kurz: Entweder operiert der Verstand entsprechend konstanten Gesetzmäßigkeiten, dann kann er jedoch nicht aus Irrtümern lernen und einem gegenständlichen Geschehen Konstanz aufzwingen, oder er kann letzteres, dann unterliegt sein Arbeiten jedoch keinen für ihn selbst auffindbaren Gesetzen, sondern ist a-kausal.[23]

Ein Gegenstandsbereich, der als ‚gesetzmäßig' charakterisiert ist, und dessen Gesetzmäßigkeit dabei keine aus der Erfahrung stammende, beobachtbare Gesetzmäßigkeit ist, erfordert also logisch als eigenes Komplement einen Gegenstandsbereich, der durch A-Kausalität gekennzeichnet ist. Welcher Bereich als kausal, und welcher als a-kausal aufzufassen ist, liegt dabei auf der Hand: Lediglich im Rahmen einer unverbindlichen Gedankenspielerei ließe sich der Verstand bzw. dessen Zustandsfolgen ‚konstanthalten' (was gleichbedeutend ist mit der Auffassung, der Verstand könne aus Irrtümern nicht lernen!), während man gleichzeitig dem Naturgeschehen dadurch Variabilität zuschriebe, daß man Nicht-Wiederholungen als Ausdruck variabel wirkender Ursachen gelassen hinnehmen würde. Tatsächlich ist jedoch mit der Existenz der Regel ‚gleiche (ungleiche) Wirkung = gleiche (ungleiche) Ursache' in unserem Kopf ausgemacht, daß es umgekehrt die Zustandsfolgen unseres Verstandes sind, die (für uns) a-kausale Folgen sind, während die Gegenstände der äußeren Erfahrung das kausale Komplement bilden müssen.

Diese Form der Komplementarität erweist sich sogar in doppelter Hinsicht als notwendig: Nicht nur deutet die bloße Existenz der o.a. Regel an, *daß* wir lernen können, und die Zustandsfolgen des Verstandes sich von uns folglich nicht kausal deuten lassen; auch insofern ist *diese* Form der Komplementarität für uns zwingend, als man auf ein Lernen aus Erfahrung gar nicht verzichten kann.[24] Und so notwendig es also für uns ist, daß wir aus Irrtümern lernen können, u.d.i., so zwingend für uns die erfahrungsunabhängige Vorstellung einer konstanten Natur ist, so zwingend müssen dann auch die Zustandsfolgen unseres Verstandes von uns als a-kausal gedeutet werden. – Indem der Verstand – gezwungenermaßen – den einen Gegenstandsbereich konstant macht, macht er sich selbst logisch unausweichlich inkonstant.

VI

Für den Philosophen mag bereits an dieser Stelle der Argumentation ersichtlich sein, inwiefern sich aus der gerade als notwendig nachgewiesenen Komplementarität von Gegenstandsbereichen folgerichtig eine präzise, unzweideutig bestimmbare Abgrenzung zwischen einem wissenschaftlichen Objektbereich mit Kausalität und einem ohne Kausalität ergibt. Dem Nicht-Philosophen ist von dieser Schlußfolge aufgrund der vorangehenden Ausführungen zumindest klar, so nehmen wir an, *daß* sich diese Komplementarität von Gegenstandsbereichen in der Praxis der wissenschaftlichen Fächerteilung irgendwie widerspiegeln muß; inwiefern sich aufgrund der bisherigen Analyse allerdings eine eindeutig bestimmte Abgrenzung tatsächlich ergibt, oder gar wo, in Terms der wissenschaftlichen Fächerteilung, diese Grenze verläuft, ist für ihn jedoch möglicherweise keineswegs auf der Hand liegend.

Der entsprechend detaillierte, in zwei Schritte zerlegbare Nachweis hierfür beginnt – in Schritt eins – damit, aufzuzeigen, daß sich aus der Aussage ‚sofern ich lernen kann (und ich *muß* lernen können), kann ich meine eigenen Wissenszustände bezüglich kausaler Erfahrungen prinzipiell nicht vorhersagen, und ich kann daher die diese Zustände verbindenden Relationen ebenso prinzipiell nur als a-kausal (variabel) konzeptualisieren,' logisch zwingend folgende Aussage ableiten läßt: ‚Sofern ich lernen kann (und ich *muß* lernen können), kann keiner aus der Menge derjenigen, die im Prinzip mit mir in eine Argumentation eintreten können bzw. könnten – und auch wir allesamt in Zusammenarbeit könnten nicht – aufgrund der Kenntnis gegenwärtiger, *zukünftige* Wissenszustände einzelner anderer Personen oder der Gesamtheit der Personen vorhersagen, und wir alle müssen daher den entsprechenden Objektbereich der Folge bzw. Aufeinanderfolge der Wissenszustände aller prinzipiell argumentierfähigen Personen als a-kausalen Objektbereich konzeptualisieren.'[25]

Diese zweite Aussage ergibt sich dabei unmittelbar aus der ersten, wenn man die Unverteidbarkeit eines ‚Solipsismus' berücksichtigt: Daß es Personen gibt, mit denen ich argumentieren kann, u.d.i., daß es außer mir noch andere Objekte gibt, die man nicht als ‚Dinge', sondern als ‚other minds' auffaßt, kann man schlechterdings nicht bestreiten. Indem man es bestreitet, spricht man nämlich jemanden an und meint ihn mit verstehbaren Gründen von etwas überzeugen zu können, und unterstellt ihm somit unvermeidlich Lernfähigkeit (die Fähigkeit, aus dem von mir Gesagten zu lernen).[26]

Diese Zurückweisung des Solipsismus bedeutet nun: Zunächst kann ich jeweils meine eigenen Wissenszustände nicht vorhersagen und die entsprechenden Relationen nicht als konstant bzw. gesetzmäßig konzeptualisieren; wenn es jedoch neben mir noch andere lernfähige Personen gibt, d.i. Personen, mit denen ich argumentieren kann, dann ist darüber hinaus die Annahme eines Gegenstandsbereichs mit *doppelter* Kontingenz impliziert[27]: andere reagieren kontingent auf das von mir gelernte und etwa im Rahmen einer Argumentation präsentierte Wissen, und ich wiederum reagiere kontingent auf die kontingente Reaktion der anderen.[28] Somit ist dann die Folge jeweils eigener Wissenszustände, wie die Aufeinanderfolge (Interaktion) eigener und fremder Wissenszustände (die Argumentation zwischen minds) logisch unausweichlich durch Inkonstanz (Nicht-Gesetzmäßigkeit) der Relationen gekennzeichnet.

Der anschließende zweite Nachweisschritt besteht dann in der Demonstration des logischen Übergangs von der Aussage: ‚Sofern ich lernen kann (und ich muß lernen können), gilt, daß die Folge und Aufeinanderfolge (Interaktion) der Wissenszustände aller argumentierfähigen Personen als ein a-kausaler Objektbereich aufgefaßt werden muß' zu der folgenden Aussage: ‚Sofern ich lernen kann (und ich muß lernen können), gilt, daß die Folge und Aufeinanderfolge (Interaktion) der Wissenszustände und Handlungen aller argumentier- und interaktionsfähigen Personen als a-kausaler Objektbereich aufgefaßt werden muß.'

Beide Sätze ergeben sich auseinander dadurch, daß sich zeigen läßt, daß ‚Wissen' (konkret: Wissen bezüglich kausaler Relationen zwischen bestimmten meßbaren Größen) und ein aufgrund bestätigender oder falsifizierender Ereignisse erfolgter ‚Wissenswandel' ‚Handeln' (konkret: zweckrationales Handeln) und einen aufgrund erfolgreicher oder -loser Wiederholbarkeit erfolgenden ‚Handlungswandel' ebenso epistemologisch voraussetzen müssen, wie die Möglichkeit von Argumentation die der praktischen Interaktion. – Verbalisiertes oder verbalisierbares Wissen bezüglich kausaler Relationen wird nämlich nur deshalb als ‚Wissen' bezeichnet, weil es in zweckrationale Handlungen eingehen kann;[29] ebenso kann man etwa von einer Erfahrungsfalsifikation nur deshalb sprechen, weil und sofern jeder Falsifikation eine erfolglose (zweckrationale) Handlung entspricht bzw. entsprechen muß, d.i. eine Handlung, die ihr vorgegebenes Ziel nicht oder nur unvollkommen realisiert;[30] und schließlich läßt sich von einer Argumentation nur insofern sprechen, als diese im Prinzip Ausdruck finden kann in einer (von Worten allenfalls begleiteten bzw. den Gebrauch von Worten allererst erläuternden) Sequenz von aktiven Demonstrationen auf egos Seite und entsprechenden, möglicherweise nachfolgenden, ‚Verständnis' manifestierenden Handlungsnachahmungen und einer schließlichen, kontingenten Antwort-Demonstration auf Seiten eines aktuellen oder fiktiven alter.[31]

Damit, mit diesem Nachweis der unauflöslichen epistemologischen Verkopplung von Wissen und Handeln,[32] läßt sich aber dann allgemein formulieren: Sofern man überhaupt lernen kann, muß man im Handlungssystem lernen können, denn Lernen im System des handlungsentlasteten sprachlich formulierbaren Wissens bzw. verbaler Kommunikation ist nur eine ‚abgeleitete' Form von Lernen, d.i. es ist überhaupt nur ‚Lernen', weil es eine Entsprechung im Handlungssystem besitzt bzw. besitzen kann. Handlungen (als manifestes Wissen) müssen somit genauso wie Wissenszustände (als Informationen über mögliches Handeln) zu dem Objektbereich gerechnet werden, der, sofern man lernen kann, notwendigerweise als a-kausal aufgefaßt werden muß.

Mit der Zurückweisung des Solipsismus und dem Nachweis der unauflöslichen epistemologischen Verkopplung von Wissen und Handeln gelangt unsere Analyse somit zu dem Resultat, daß, über den engen Bereich der Folgen jeweils eigener Wissenszustände hinaus, der gesamte Bereich der Folgen bzw. Aufeinanderfolgen und Interaktionen von Wissenszuständen und Handlungen (zweckrationaler ebenso wie interaktionaler) aller argumentier- bzw. interaktionsfähigen Personen als a-kausal aufgefaßt werden muß. – Da dieser Bereich ersichtlich identisch ist mit dem, der traditionellerweise in der wissenschaftlichen Fächerteilung als der der Geistes- und Sozialwissenschaften bezeichnet wird, läßt sich als Ergebnis reiner erkenntnislogischer Analyse formulieren, daß die Behauptung der Möglichkeit einer sozialwissenschaftlichen Kausalanalyse einen logischen Widerspruch involviert, dessen Existenz, so kann vermutet werden, nur infolge einer im Wissenschaftssystem höchstverbreiteten und tiefverwurzelten empiristischen Erkenntnisideologie so weitgehend unbemerkt geblieben ist. Wenn wir lernen können – und wir können es nicht bestreiten, daß wir es können – dann muß unser Wissen und Handeln[33] mit logischer Unausweichlichkeit als a-kausal gedacht werden. Und nur *weil* für uns dieser Bereich unvermeidbar a-kausal *ist*, können wir im logischen Komplement desselben, d.i. im Bereich all dessen, was *nicht* zu dem oben eingegrenzten a-kausalen Bereich gehört (dem der Naturwissenschaften), überhaupt Kausalforschung betreiben. Die Möglichkeit einer durch Falsifikation bedingter Prognosen fortschreitenden Naturwissenschaft setzt logisch voraus, daß es in den Sozialwissenschaften keine Kausalforschung gibt. Nur – so will es die aprioristische Struktur unseres Verstandes – indem man sich selbst als ‚lernend' und somit unprognostizierbar konstituiert, läßt sich ein komplementärer, der Kausalforschung offenstehender Bereich ‚erklärbarer' Phänomene von uns hervorbringen.

VII

Welche Konsequenzen hinsichtlich des Selbstverständnisses (und, gegebenenfalls, der Forschungspraxis) der sozialwissenschaftlichen Disziplinen ergeben sich aus dem vorangegangenen Nachweis der A-Kausalität des sozialwissenschaftlichen Gegenstandsbereichs?

Geradezu auf der Hand liegend folgt zunächst, daß das Selbstverständnis derjenigen Sozialforscher, die glauben, Kausalforschung zu betreiben, revisionsbedürftig ist. Ein derartiger Anspruch läßt sich nicht logisch widerspruchsfrei denken und muß insofern als unsinnig abgewiesen werden: Wenn man lernen kann (und man kann nur um den Preis eines Widerspruchs behaupten, man könne lernen, daß man nicht lernen könne), dann muß (und das ist logisch notwendig so!) die zeitliche Aufeinanderfolge menschlicher Wissenszustände und Handlungen als a-kausale, kontingente, nicht durch konstante Relationen gekennzeichnet Ereignisfolge gedacht werden. Die in der sozialwissenschaftlichen Praxis täglich hunderttausendfach vorgenommene (meist computergestützte) numerische Berechnung von Variable-verbindenden Relationskonstanten (namentlich von Regressionskonstanten) kann damit unmöglich gedeutet werden (wie gleichwohl regelmäßig getan) als eine an Stichprobendaten vorgenommene Berechnung von Gesetzeskonstanten, die man hypothetisch (d.i. bei immer bestehender Möglichkeit von ‚Falsifikation' aufgrund nicht-erfolgreich replizierter Resultate) als für ein umfassenderes, raum-zeitlich unbeschränktes (d.i. ausschließlich durch Allgemeinbegriffe beschriebenes) Universum geltend unterstellt.

Logisch widerspruchsfrei läßt sich diese Praxis vielmehr nur so (und *nur* so) deuten: Anhand eines abgeschlossenen, endlichen (d.i. historischen) Sets von Daten werden bei einem vorausgesetzten Funktionstyp (meist: Linearität) die Funktionskonstanten berechnet, aufgrund deren sich die gegebenen, historischen Werte der in Beziehung gesetzten Variablen bei Minimierung des Voraussagefehlers auseinander berechnen lassen. Als solche sind die Konstanten gleichfalls nur historische Gegebenheiten, und Aussagen über sie sind, wie alle Feststellungen über historische Sachverhalte, (aber anders als Aussagen über Gesetze!) *verifizierbare* Aussagen. Über den Bereich der Daten hinaus, anhand deren sie berechnet wurden, besitzen sie keine Bedeutung; denn da der sozialwissenschaftliche Gegenstandsbereich widerspruchsfrei grundsätzlich nur als a-kausal strukturierter gedacht werden kann, können Konstanten prinzipiell nicht Gesetzeskonstanten sein. Und schließlich können sie darum auch nicht (wieder anders als Gesetzeskonstanten) durch andere, weitere Erfahrungen bestätigt oder falsifiziert werden, sondern die Wieder-Feststellung einer bestimmten Relationskonstante im Rahmen einer neuen Erfahrung bzw. deren Nicht-Wieder-Feststellung ist nicht mehr und nicht weniger als eine verifizierbare Feststellung hinsichtlich einer weiteren historischen Tatsache, sowie die damit verbundene (gleichfalls verifizierbare) Aussage, daß hinsichtlich zweier oder mehrerer historischer Tatsachen vom Ereignis einer Übereinstimmung bzw. Nicht-Übereinstimmung gesprochen werden könne: wiederum einer historischen Tatsache.

An dieser Stelle des Argumentationsganges könnte folgendes zu bedenken gegeben werden: Zugegeben, das Selbstverständnis vieler Sozialforscher ist revisionsbedürftig. Sie *können* (logisch!) das nicht tun, was sie zu tun behaupten, und ihre Tätigkeit verliert im Licht dieser Einsicht zweifellos auch an Bedeutung, Signifikanz, Größe usw., denn aufgrund ihrer wird man um- bzw. abgestuft vom Sozialtheoretiker zum Faktensammler. Bleibt nicht aber die sozialwissenschaftliche *Praxis* völlig unberührt von dieser Einsicht, so daß man am Ende bloß einen neuen Namen (d.i. eine neue Charakterisierung) für ein altes Ding, d.i. die Praxis des sozialwissenschaftlichen Kausalforschers besitzt, im übrigen mit der liebgewonnenen Tätigkeit aber getrost in gewohnter Weise fortgefahren werden kann? Anders gesagt: Gibt es abgesehen von ‚nominalistischen' auch *reale* Konsequenzen, die sich aus der erkenntnislogisch zwingenden Einsicht in die A-Kausalität des sozialwissenschaftlichen Objektbereichs ergeben?

Diese Frage muß entschieden bejaht werden. Der Grund hierfür wird deutlich, wenn man sich zunächst vergegenwärtigt, daß aus dem Selbstimage heraus, Kausalforschung zu betreiben, konkrete Folgen in bezug auf die Forschungspraxis abgeleitet werden können und auch tatsächlich abgeleitet werden. Qua Kausalforscher befindet man sich nämlich – konfrontiert mit einer vorgegebenen Erklärungsaufgabe, d.i. einer abhängigen Variable – immer in folgender Situation: Seit Hume weiß man, daß man Variable-verbindende Relationen nicht sinnlich wahrnehmen kann. Darum kommt bei einer gegebenen abhängigen Variable zunächst einmal im Prinzip *jede* andere Variable als Ursache in Frage, und ebenso *jeder* denkbare Funktionstyp. Oder anders: weil man es Variablen nicht *ansieht*, ob, und wenn ja, in welcher funktionalen Form sie eine Ursache-Variable für eine bestimmte andere

Variable sind, deshalb kann man a priori keine Variable als Ursachevariable und keinen Funktionstyp qua Form des Gesetzes ausschließen. Man muß vielmehr ausprobieren und anschließend sehen, ob sich die eigenen Auswahlvorschläge in (unter möglichst veränderten Bedingungen stattfindenden) Replikationsstudien bestätigen lassen oder nicht. – Von daher ist es dann nur folgerichtig, wenn sich Arbeiten, wie in der Tat viele der heutzutage vorgelegten empirisch-sozialwissenschaftlichen Studien, zumindest in Teilen wie ‚fishing expeditions' ausnehmen: man angelt im großen Teich der möglichen Ursachen herum und präsentiert dann (technisch gesehen am einfachsten in Form einer Vielzahl multidimensionaler Tabellen) einen Überblick darüber, wie jede Variable mit jeder anderen und mit der Gesamtheit aller herausgefischten Variablen insgesamt zusammenhängt, und ansonsten überläßt man alles weitere (noch) ausstehenden Replikationsstudien.

Gäbe es im Gegenstandsbereich der Sozialwissenschaften tatsächlich Kausalität, so könnte gegen diese Praxis der (kommentierenden) Zusammenstellung beliebiger Variablen-Kovariationen (-Relationen), und damit verbundene hypothetische Behauptungen entsprechender Zusammenhänge als universell gültiger Zusammenhänge, allenfalls folgendes eingewendet werden: daß sie – zumindest sehr häufig – einen ‚deduktiven Touch' vermissen läßt, den Versuch, disparat nebeneinanderstehende Einzelaussagen über Variablenrelationen zu einem System von durch logische Ordnungsrelationen aufeinander bezogenen Aussagen, d.i. zu einer Theorie zusammenzufügen.[34] Es läßt sich unter den angegebenen Voraussetzungen aber kein Argument grundsätzlicher erkenntnistheoretischer Natur gegen diese Praxis denken: wenn sie auch nicht das ‚Ganze' wissenschaftlicher Arbeit darstellt, und möglicherweise die Krönung wissenschaftlicher Tätigkeit in etwas anderem besteht (d.i. in der Systematisierung disparater Einzelaussagen zu einer integrierten Theorie), so ist doch an dieser Praxis einer sozialen ‚Stückwerktechnologie' nichts auszusetzen, und man muß sie sogar als notwendigen (wenn auch nicht: hinreichenden) Bestandteil von Wissenschaft anerkennen – auch der Theoretiker unter den Kausalforschern muß bei seinen Konstruktionen die Resultate dieser Praxis als empirisch gegebene Theorie-Bausteine verbindlich anerkennen, und er läßt sich häufig durch zunächst völlig disparat erscheinende (im Rahmen einer fishing expedition zutage geförderte) Einzelergebnisse in seiner systematischen Tätigkeit überhaupt erst anregen.[35]

Die Einschätzung dieser Praxis ändert sich jedoch drastisch, wenn die Vorstellung eines kausal strukturierten Gegenstandsbereichs im Fall der Sozialwissenschaften als logisch unhaltbar fallengelassen werden muß. Damit nämlich entfällt gleichzeitig die (für *Kausal*forschung charakteristische) Möglichkeit, die erwähnte ‚Beliebigkeit' bei der Auswahl von Ursachen für gegebene Wirkungen a posteriori dadurch zu kontrollieren, daß aufgrund ‚wahrer' Ursachen zutreffende Voraussagen hinsichtlich gegebener Effekte gemacht werden können müssen. Denn wenn man nicht widerspruchsfrei bestreiten kann, daß man zu lernen in der Lage ist, und daß man, wenn man lernen kann, Wissen und Handeln wiederum nicht widerspruchsfrei als durch Ursachen von konstanter Wirksamkeit produziert konzeptualisieren kann, sondern nur als kontingente, unverursachte Reaktionen, dann folgt logisch, daß es in bezug auf Wissen und Handeln Voraussagen aufgrund wahrer Ursachen für uns nicht geben kann, und somit auch die Kontrollmöglichkeit der ‚beliebigen' Ursachenauswahl durch erfolgskontrollierte, aposteriorische Voraussagen entfällt. Unter der so veränderten Voraussetzung wird die Praxis, die zuvor sinnvoll erschien, zur nur noch beliebigen, völlig unkontrollierten und -kontrollierbaren Tätigkeit: sie muß klassifiziert werden als beliebige Zusammenstellung beliebig ausgewählter Antezedenzvariablen mit einer gegebenen Folgevariable in jeweils beliebigen funktionalen Zusammenhängen. Erkenntnistheoretisch unrechtfertigbar geworden, muß die Praxis einer aufgrund von a priori-Erwägungen unkontrollierten, nur durch a posteriori-Kontrollen gerechtfertigten beliebigen Antezedenzvariablenauswahl aufgegeben werden.

Mit diesem logischen Zwang zur Abkehr von der angegebenen Praxis ist dabei ein häufig gehörter ‚realer' Grund in bemerkenswerter Weise verbunden: Gegen die sozialwissenschaftliche Kausalforschung kann eingewendet werden, daß selbst ihre glühendsten Propagandisten nicht im Ernst behaupten können, daß man – bei allen bisherigen Anstrengungen – irgendwelche empirischen Gesetze des Handelns bereits gefunden hat; die Erfolglosigkeit gerade der gemeinhin als fortgeschrittenster Zweig sozialwissenschaftlicher Kausalanalyse betrachteten Ökonometrie ist hierfür ein unübersehbares Zeichen.[36]

Muß man angesichts dieser Realität nicht zu der Überzeugung gelangen, daß an dieser Praxis, die soviel verspricht und nichts davon halten kann, etwas fundamental falsch ist? – Es ist bekannt, daß dieser Schluß nicht zwingend ist. In der Tat haben die Kausalforscher ja jederzeit die Möglichkeit, zu argumentieren, dieses Faktum sei ‚zufällig', man müsse eben noch auf den Galilei oder Newton der Sozialwissenschaften warten; und so fadenscheinig diese Argumentation auch erscheint[37], sie kann doch nicht als völlig unsinnig abgetan werden.[38] Unsinnig wird sie erst in dem Augenblick, in dem man den genannten ‚realen' Ablehnungsgrund (d.i. den faktischen Mißerfolg der Praxis) *als empirisch feststellbare Konsequenz des zugrundeliegenden, fundamentaleren logischen Ablehnungsgrundes für diese Praxis begreift:* Erst die logische Notwendigkeit, den sozialwissenschaftlichen Objektbereich als a-kausal auffassen zu müssen, *erklärt*, warum eine als Kausalforschung betriebene Sozialwissenschaft nicht erfolgreich sein *kann*, und warum alles Warten auf Galileis und Newtons Augenwischerei ist. Es ist nicht Zufall, daß es keine empirischen Gesetze des Handelns gibt, sondern unser Verstand ist so strukturiert, daß er gar nicht anders kann, als den Objektbereich ‚Sozialwissenschaften' so zu konstituieren, daß es für ihn dort keine Gesetze zu finden gibt. Er kann sie dort so wenig finden, wie er sich nicht in der Lage sieht, Erfahrungen zu machen, in denen einem beliebigen Objekt die Prädikate X und Nicht-X gleichzeitig zugesprochen werden – also sowenig nicht, wie ihm der Zwang, Widersprüche zu vermeiden, als *realer* Zwang erscheint.

VIII

Wenn somit zum einen klar gestellt ist, daß aus dem Gegebensein eines bestimmten Selbstbildes sozialwissenschaftlichen Arbeitens praktisch-methodische Konsequenzen für ebendiese Arbeit abgeleitet werden können, und daß mit der Unhaltbarkeit eines bestimmten Images auch die erkenntnislogische Rechtfertigbarkeit bestimmter Aspekte des sozialwissenschaftlichen Procedere entfällt; wenn zum anderen deutlich ist, inwiefern die Erfolglosigkeit einer bestimmten Praxis durch die logische Unhaltbarkeit des ihr zugrundeliegenden Selbstbildes sogar erklärbar wird – dann drängt sich die Frage nach dem Alternativprogramm auf: Welche Form sozialwissenschaftlicher Praxis kann – im Unterschied zur Kausalanalyse – erkenntnistheoretisch gerechtfertigt und somit mit Aussicht auf Erfolg durchgeführt werden? Und wie, so die damit unmittelbar zusammenhängende Frage, sieht das logisch widerspruchsfreie Selbstbild der Sozialwissenschaften aus, dem diese Praxis entspricht bzw. entsprechen muß? Und schließlich: kann das veränderte Selbstbild – abgesehen von der gleichsam negativen Erklärung der Erfolglosigkeit einer als Kausalforschung betriebenen Sozialwissenschaft – auch ‚positive' Erklärungen für andere Phänomene, in denen es gleichermaßen realen Ausdruck findet, liefern?

Logisch unsinnig ist eine Praxis, die (konstant wirkende) Ursachen sucht, aufgrund deren gegebene abhängige Variable ex ante vorhergesagt werden können, und deren Auswahlrechtfertigung (qua Ursachen) ausschließlich aufgrund der aposteriorischen Erfahrung gelungener Voraussagen erfolgt. Logisch möglich ist demnach das Komplement dazu: eine Praxis, die auf falsifizierbare Voraussagen verzichtet, und die stattdessen ‚nur' für sich in Anspruch nimmt, ex post zu rekonstruieren; und eine Praxis, die nicht Ursachen rekonstruiert, die allein a posteriori als solche rechtfertigbar sind, sondern die den zu erklärenden Gegenstand (d.i. eine Handlung bzw. einen Wissenszustand) rekonstruierend aus solchen Komponenten und Komponentenrelationen aufbaut, die logisch von vornherein dadurch als eine besondere Klasse von Elementen ausgezeichnet sind, als die Korrektheit ihrer Auswahl *verifizierbar* wird durch das Zugeständnis des oder der Handelnden (Wissenden) selbst, entsprechende Handlungen (Wissenszustände) seien von ihnen tatsächlich – bewußt oder unbewußt – aus den ausgewählten Komponenten aufgebaut worden und könnten entsprechend tatsächlich in sie als ihre wirklichen (d.i. analytisch zu Recht unterschiedenen) Elemente dekomponiert werden.

An die Stelle einer Praxis also, die meßbare Variablen (d.i. alles, was meßbar ist) zu erklären versucht durch Ursachen, deren Auswahl aus der Klasse aller Antezedenzereignisse a priori unbeschränkt ist (d.i. im Prinzip kann jedes Ereignis Ursache sein) und allein a posteriori durch einen Voraussageerfolg gerechtfertigt, aber nicht verifiziert werden kann, tritt eine Praxis, die ausschließlich Ereignisse, die (auch) vom Handelnden selbst als logisch-analytische Einheit begriffen werden können, zu rekonstruieren versucht aus Komponenten (Subeinheiten), deren Auswahl aus der Klasse aller Ereignisse a priori beschränkt ist (d.i. von vornherein kann *nicht* jedes Ereignis ‚Komponente' sein) und a posteriori verifiziert werden kann durch das Anerkenntnis des Handelnden, die Erklärungseinheit bestehe tatsächlich aus den angegebenen Komponenten (-kombinationen), derart, daß eine Veränderung (Substitution) hinsichtlich einer der Subeinheiten auch eine logisch andere, veränderte Erklärungseinheit konstituieren würde.[39]

Zugelassen sind somit zum einen – als die vergleichsweise anspruchslosere Form zulässiger Praxisformen – alle die Tätigkeiten, die darin bestehen, Handlungen in die den Handelnden selbst unmittelbar bewußten, d.i. verbalisierbaren Bestandteile zu dekomponieren: in Motive, handlungsauslösende Situationsdeutungen, Gründe, Ziele, technisches und praktisches Wissen, normative Orientierungen u.ä. – Und von den zulässigen Formen sozialwissenschaftlicher Praxis ergibt sich als die intellektuell anspruchsvollere zum anderen dann diejenige, die es (außerdem) unternimmt, die dem Handelnden selbst unbewußten logischen Konstituentien des Handelns zu rekonstruieren sowie die gesellschaftlichen Strukturmerkmale, die sich – quasi doppelt unbewußt – aus der Aufeinanderfolge z.T. unbewußt gesteuerter, kontingenter Antwort-Reaktionen auf z.T. unbewußt geregelte Handlungen ergeben.[40] (Gleichsam so, wie der Sprachwissenschaftler, der grammatische Regeln rekonstruiert, die uns selbst nicht, oder nicht mehr, oder nicht mehr vollständig bewußt sind, und die von uns selbst nicht adäquat formuliert werden können, denen wir aber bei der Formung von Sätzen bzw. Äußerungen dennoch faktisch folgen, und die wir darum im Prinzip als Regeln unseres Sprechens *erkennen* können, wenn sie für uns von einem anderen (dem Linguisten) formuliert werden,[41] so verfährt auch der vergleichsweise anspruchsvollere Sozialwissenschaftler: In einem z.T. langwierigen Versuch-Irrtum-Prozeß rekonstruiert er die Wahrnehmungen und Normen, die von uns schließlich als die erkannt und anerkannt werden können müssen, die unser Handeln und Interagieren, unabhängig von ihrer schließlichen Verbalisierung (und neben und zusätzlich zu allen bewußten Wahrnehmungen und Normen) faktisch ausgelöst und bestimmend strukturiert haben.[42]).

IX

Die grundlegenden Elemente des revidierten Selbstbildes der empirischen Sozialfoschung ergeben sich bereits unmittelbar aus den voranstehenden Bemerkungen über die – im Unterschied zur Kausalforschung – logisch zulässigen Formen empirisch-sozialwissenschaftlicher Forschungstätigkeit. Diese Ausführungen zu einem noch unmißverständlicheren Bild abrundend und ergänzend, kann dies so gezeichnet werden: Der empirische Sozialwissenschaftler muß, sofern ihm an einer logisch widerspruchsfreien Charakterisierung seiner Tätigkeit liegt, seine Arbeit in bewußter Analogie zu der des Sprachforschers begreifen: So wie dieser ein- und dieselbe gegebene Sequenz von Sätzen bzw. Äußerungen nicht erklärt[43], sondern ex post in die mehr oder weniger bewußten und konkreten Schichten ihrer konstitutiven Bestandteile zerlegt – in ihre bewußten semantischen und pragmatischen Komponenten, die der Sequenz ihre vergleichsweise konkreteste Bestimmtheit geben; in ihre weniger bewußten grammatischen Oberflächenstrukturen, die die gleiche Sequenz auf einer abstrakteren Ebene bestimmen; und in ihre meist noch weniger bewußten grammatisch-logischen Tiefenstrukturen, die der Sequenz ihre vergleichsweise abstrakteste logische Grundform geben (deren Modifizierungen dann die darauf aufbauenden konkreteren Sequenz-Komponenten darstellen) – so: rekonstruierend-abstrahierend verfährt auch der in seinem Selbstbild konsistente empirische Sozialforscher. Er zerlegt eine gegebene Handlung oder eine Sequenz aufeinander folgender Handlungen zunächst in die logischen Bestandteile, die auch der (die) Handelnde(n) selbst meist unmittelbar als solche benennen und beschreiben kann (können). Dann, darüberhinausgehend, versucht er, die diesem bewußten Überbau zugrundeliegenden, in den konkreter bestimmten Handlungen gleichsam versteckten und aus diesen nur abstraktiv herauslösbaren, allgemeineren normativ-rechtlichen Orientierungen herauszuarbeiten, wie sie etwa im kodifizierten Korpus des Common Law festgehalten sind, in dem (bei der Sprachanalyse etwa der Schulgrammatik vergleichbar) faktisch in Geltung befindliche Handlungsregeln expliziert sind[44], die dem Laien als Regeln, denen er selbst zu gegebenem Anlaß tatsächlich folgt, meist nur noch verschwommen bewußt sind. Und schließlich macht er sich, noch einmal eine zusätzliche abstraktive Leistung erfordernd, in einer der des Universalgrammatikers ähnlichen Tätigkeit, an die Rekonstruktion der Regeln, die in ihrer höchstgradigen Abstraktheit (möglichst) universelle faktische Gültigkeit besitzen: Regeln, denen gleichsam jeder immer faktisch folgt, deren Befolgung jedoch – gerade *weil* man sie immer schon beherrscht – fast ausnahmslos unbewußt geschieht.

Natürlich gehört es dabei nicht notwendig zum zulässigen Selbstbild des empirischen Sozialforschers, daß ein einzelner für eine gegebene Handlung(-ssequenz) sämtliche dieser Aufgaben zu erfüllen sucht. Im Rahmen wissenschaftlicher Arbeitsteilung kann die Rekonstruktion der Handlungskomponenten verschiedener Bewußtseins- und Abstraktionsschichten[45] selbstverständlich Angelegenheit einer Vielzahl von Forschern sein. Jeder derselben muß sich jedoch darüber im klaren sein, daß, was immer er tut, seine Tätigkeit in der Rekonstruktion solcher Komponenten besteht, die die Handelnden selbst im Prinzip als tatsächliche logisch-analytische Bausteine der Handlung müssen erkennen und anerkennen können – und also mit Forschung nach Ursachen, die ja in empirischen Relationen zu den Handlungen stehen, ganz und gar nichts zu tun hat.

Allerdings ist es für das Selbstbild des Sozialforschers auch nicht gleichgültig, mit der Rekonstruktion welcher Abstraktionsschicht er beschäftigt ist. Wie andeutungsweise bereits angeklungen, ist, je höher die Abstraktionsstufe, auf der die Rekonstruktionsversuche anzusiedeln sind, um so höher auch die wissenschaftliche Leistung und das (hoffentlich) entsprechend verteilte wissenschaftliche Prestige einzuschätzen: Während nämlich die Erfassung des bewußten Überbaus gewissermaßen im Direktzugriff erfolgen kann – wenn sie auch, wie man z.B. Lehrbüchern über Survey-Methoden entnehmen kann[46], fachmännisch gehandhabt, eine nicht zu unterschätzende Menge technischer Fertigkeiten voraussetzt, und wenn sie auch, etwa bei inhaltsanalytischem Studium historischer Dokumente, durchaus zeitaufwendig sein kann – erfordert die der unbewußten Handlungskomponenten erhebliche abstraktive, gestaltwahrnehmungsähnliche Strukturerkennungsfähigkeiten.

Oft gelingt die Rekonstruktion unbewußter, abstrakter Handlungskomponenten sogar überhaupt nur vermittelt über produktive methodische Umwege: So, wie man den berühmten Wald vor lauter Bäumen manchmal nicht ohne eine Erweiterung der Betrachtungsperspektive erkennen kann, so werden die abstrakten Handlungskomponenten, deren man sich als solcher üblicherweise nicht bewußt ist, häufig erst ‚sichtbar' vor einem (gegenüber dem des Laien, wie auch dem des Überbaurekonstrukteurs) deutlich erweiterten Erfahrungshorizont, angesichts dessen die zunächst im Konkreten verborgenen, abstrakten Selbstverständlichkeiten relativiert erscheinen und qua relativierte wahrnehmbar werden.[47] Hierbei besitzen dann vor allem Studien aus dem Gebiet der Sozialanthropologie (Ethnologie), und, bei nur auf *eine* Gesellschaft eingeschränkten Betrachtungen, Studien zum Thema abweichendes Verhalten entscheidende Bedeutung. Ihre Kenntnis, wie, bei Wechsel von synchroner zu diachronischer Orientierung, die von Studien sowohl zur allgemeinen Geschichte, als auch zu der des Individuums (Ontogenese) vermittelt in der Regel erst die notwendige Distanz zum ‚Normalen', um es in Kontrastierung zum Außergewöhnlichen, Andersartigen, Noch-nicht-Normalen (und auch, umgekehrt, dieses durch jenes) begrifflich bestimmbar werden zu lassen; und ihre Kenntnis gibt auch oft erst den Blick frei auf die noch abstrakteren, noch fundamentaleren Universalien.

Es ist angesichts dessen, daß es nicht überrascht, daß, im Gegensatz zur Vielzahl tagtäglich auf den Markt gelangender Studien, die den bewußten Überbau von Handlungen zu ihrem Thema machen, die Zahl sozialwissenschaftlicher Arbeiten, die zum Typus der Handlungs*grammatik* zählen, so überaus gering ist;[48] und angesichts dessen ist es auch, daß es Studien dieses Typs sind, die mit Recht besonderen Respekt erheischen (und in der Regel wohl auch bekommen)[49]: So, wie bei denen, die mit Sprache befaßt sind, die Krone dem theoretischen Linguisten und ganz besonders dem Universalgrammatiker zukommt, so gebührt sie bei denen, die sich mit Handlungen und den aus dem Zusammenspiel von Handlungen resultierenden sozialen Strukturen befassen, dem, der die abstrakt-unbewußten Regeln, die unseren konkreten Handlungen als Fundament zugrunde liegen, auf die Stufe des Bewußtseins hebt, und der seiner Arbeit damit im Idealfall – wenn er nämlich universale oder quasi-universale Handlungsstrukturen rekonstruiert – bezeichnenderweise auch eine entsprechend zeitlose Geltung verschafft.[50]

X

Auf eine Kurzformel gebracht, kann die aufgrund des Nachweises der Unmöglichkeit sozialwissenschaftlicher Kausalforschung notwendig werdende Revision des Selbstbildes der Praxis des empirischen Sozialforschers somit u.E. am angemessensten folgendermaßen ausgedrückt werden: Nicht Sozial- bzw. Handlungs*technologe*, sondern Sozial- bzw. Handlungs*grammatiker*. Erst das ausdrückliche Selbstverständnis als eines Grammatikers des Handelns führt, wie deutlich gemacht, zu einer Situation, in der der Praktiker mit Bewußtsein das Richtige tun und das Falsche (d.i. das, was man aus rein logischen Gründen gar nicht mit Aussicht auf Erfolg können kann) lassen kann, und in der allein eine zielsichere und widerspruchsfrei verteidigbare methodisch-methodologische Beurteilung der Arbeit anderer möglich wird.

Und schließlich auch: Erst wenn der Sozialforscher seine Tätigkeit in Analogie zu der des Grammatikers begreifen lernt, und – vor allem – erst wenn er lernt, daß er sie gar nicht anders begreifen *kann*, es sei denn um den Preis logischer Widersprüche, erst dann wird für ihn auch die Existenz allseits bekannter Phänomene als logisch notwendige Existenz erklärbar, deren Faktizität für den Sozialwissenschaftler ansonsten als bedrückendes Problem erscheinen muß.

Wie bereits erwähnt, ist ein derartiges Phänomen die faktische Erfolglosigkeit einer sich kausalwissenschaftlich begreifenden Sozialforschung: gewiß ein bedrückendes Problem für den Kausalforscher, ist es für den, der weiß, daß Sozialforschung nur (und nur) in der Einstellung eines Grammatikers mit Aussicht auf Erfolg betrieben werden kann, eine Selbstverständlichkeit, ja, eine Notwendigkeit. – Es ist jedoch ein zweites, bisher noch unerwähnt gebliebenes, gleichsam ‚positives' Phänomen, das in diesem Zusammenhang vermutlich noch interessanter und aufschlußreicher ist: Es handelt sich einmal um die Tatsache, daß, betrachtet man die Menschheitsgeschichte, gerade dann, wenn dem Konzept unveränderlicher, keinem willentlichen Eingriff offenstehender, ewiger Naturgesetzlichkeiten (von denen es prinzipiell nur scheinbare Ausnahmen geben kann) bewußter Ausdruck verliehen wird und – entsprechend – eine systematisch fortschreitende Naturforschung sich etabliert, *gleichzeitig* auch die philosophische Idee von ‚Freiheit' auftaucht, d.i. die Vorstellung, daß menschliches Handeln, im strikten Gegensatz zu Naturgeschehen, inkonstanten, willentlich-einsichtsvoll veränderbaren Regeln folgt, und nur darum auch einer moralischen Beurteilung offensteht: ansatzweise und vorübergehend im klassischen Griechenland, und dann in voller Entfaltung und seitdem andauernd mit dem Zeitalter von Renaissance und Aufklärung.[51]

Und es handelt sich zum anderen – bei Wechsel der Betrachtungsperspektive zur Ontogenese hin – um die verwandte Tatsache, daß im Verlauf der kognitiven Entwicklung des Kindes, als Ausdruck eines universellen Entwicklungsschemas, die Konzepte von Naturgesetzlichkeit und von frei gesetzten, moralischer Begründung fähigen Handlungsnormen entweder gleichzeitig präsent sind oder gleichzeitig abwesend.[52]

Wiederum stellt für den sozialwissenschaftlichen Kausalforscher dies Phänomen einer universellen empirischen Verkopplung der Ideen von Notwendigkeit und Freiheit, wie wir es kurz nennen wollen, eine ernste Herausforderung dar: Er muß den Zusammenhang als ‚zufällig' begreifen und als prinzipiell auflösbar, (derart, daß, ohne ein Verschwinden der Idee von Notwendigkeit, die von Freiheit mit Fortschreiten einer als kausalwissenschaftlich aufgefaßten Sozialwissenschaft zunehmend an Bedeutung verliert, um am Ende völlig zu verschwinden) obwohl es keinerlei *für* eine solche Deutung sprechende empirische Anhaltspunkte gibt.

Dagegen kann der sich als Handlungsgrammatiker verstehende Sozialwissenschaftler die Tatsache einer mit der Idee von Naturgesetzlichkeit dauerhaft, ohne Auflösungserscheinungen koexistierenden Freiheitsidee nicht nur als selbstverständlich akzeptieren – denn er konzeptualisiert den Gegenstandsbereich der Sozialwissenschaften ja selbst als a-kausal – und dabei außerdem den Fallstricken eines ‚konstruktivistischen Rationalismus' entgehen, demzufolge aus der Unverursachtheit menschlichen Handelns eine beliebige Planbarkeit gesellschaftlicher Strukturen zu folgen scheint,[53] – denn qua Grammatiker weiß er, daß das Ausmaß der Unbewußtheit der Regeln unseres Handelns solchen Ambitionen enge Grenzen setzt. Vor allem kann er, über all dies weit hinausgehend, *erklären*, warum die genannte Ideen-Koexistenz kein nur kontingent-empirisches Faktum darstellt, und warum eine Ablösung (etwa nach dem in der Displacement Hypothesis vorgestellten Schema[54]) dieser Koexistenz, es sei denn durch die ihrer Nicht-Koexistenz, *nicht* möglich ist. Er weiß nämlich – sich den in dieser Arbeit insgesamt vorgetragenen Argumentationsablauf noch einmal in Erinnerung rufend, der doch zugleich die Begründung dafür enthielt, warum ausschließlich das Selbstbild eines rekonstruierenden Handlungsgrammatikers für den empirischen Sozialforscher als erkenntnislogisch akzeptabel gelten kann – daß der o.a. Ideen-Koexistenz eine genau korrespondierende erkenntnislogische Komplementarität beider Ideen als Fundament zugrunde liegt: ein Verstand, der dem erfahrungsunabhängigen Schema ‚gleiche (ungleiche) Wirkung = gleiche (ungleiche) Ursache' entsprechend aus der Erfahrung lernt und damit Naturgesetzlichkeit konstituiert, kann sich selbst bzw. seine eigenen Zustandsfolgen nicht selbst als determiniert, sondern muß sich, logisch unausweichlich, als a-kausal, als frei begreifen. Die empirische Ideen-Koexistenz ist nichts als der greifbarste empirische Ausdruck dieser universalen apriorischen mentalen Struktur, und jede Hoffnung, die Koexistenz könne aufgelöst werden, muß darum als nachweisbar verfehlt gelten: Solange es Naturgesetzlichkeit für uns gibt, solange ist die Idee von ‚Freiheit in menschlichen Dingen' für uns unausrottbar – das will unser Verstand so. Sie kann nur verschwinden, sollte auch die erstere Idee aus unseren Köpfen entschwinden, und sollten wir zu früheren, animistischen Weltbildern zurückkehren.

Kapitel 3
Die Unmöglichkeit kausalwissenschaftlicher Sozialforschung. Eine Untersuchung zur Begründung der Ökonomie als aprioristischer Handlungswissenschaft

I

Darüber, daß die Ökonomie eine empirische Wissenschaft sei, herrscht im Lager der Ökonomen (und nicht nur dort) heute nahezu Einigkeit: Es gibt kaum ein Lehrbuch der Wirtschaftswissenschaften, das nicht ausdrücklich den erfahrungswissenschaftlichen Charakter seines Gegenstandes hervorhebt. Genobelte Größen wie P.A. Samuelson[1] – beispielhaft als einer der einflußreichsten Köpfe des Keynesianismus genannt – und M. Friedman[2] – als Haupt der Monetaristen, der anderen der beiden heute das akademische Wirtschaftsleben dominierenden Schulen – stimmen, ungeachtet ihrer sonstigen Differenzen, hinsichtlich dieser Einschätzung überein. Geteilt wird sie aber etwa auch – und darüber hinaus sogar mit besonderem Nachdruck versehen – von einer vom Zentrum wirtschaftswissenschaftlicher Orthodoxie weiter abgerückten Schule wie der mit den Namen Schmölders[3] und Katona[4] verbundenen verhaltenstheoretischen Wirtschaftsforschung. Und schließlich ist es gerade auch der Nicht-Ökonom, für den es eine ausgemachte Sache zu sein scheint, daß es sich bei der Wirtschaftswissenschaft um eine empirische Wissenschaft handelt.

Diese nahezu allumfassende Einigkeit spiegelt sich auf der konkreten Ebene der Wissenschaftspraxis in einigen augenfälligen – über alle Schulgrenzen hinweg geteilten – Gemeinsamkeiten wider. In quasi-universellem Maßstab wird so etwa der Ökonometrie für die Entwicklung und Beförderung wirtschaftswissenschaftlicher Fortschritte eine entscheidende Bedeutung zugeschrieben: Samuelson und Friedman sind bekanntermaßen und bezeichnenderweise selbst durch ökonometrische Untersuchungen hervorgetreten, und für die dritte namentlich erwähnte Schule läßt sich jedenfalls für die den Gründern nachfolgende jüngere Wissenschaftlergeneration gleichfalls ein ausgiebiger Gebrauch statistisch-ökonometrischer Techniken feststellen.[5] Statistisch-ökonometrische Studien, so die allen gemeinsame Überzeugung, stellen das systematisch zubereitete Erfahrungsfundament dar, an dem sich Theorien zu bewähren haben: das empirische Nadelöhr gleichsam, durch das eine gute Theorie gehen muß, und in dem eine schlechte hängenbleibt, ohne dessen Korrektivfunktion jedenfalls alle Theorie bloße Spekulation bleiben muß.

Wichtiger noch als der Test einer Theorie an historischem Material, den ökonometrische Arbeiten allenfalls leisten können, ist aber der prognostische Test von (in vorangehenden ökonometrischen Untersuchungen freilich möglicherweise allererst in eine präzise, testbare Fassung gebrachten) Theorien – auch hinsichtlich dieser Überzeugung gibt es ungeteilte Übereinstimmung. Ja, mehr noch als in der allgemeinen Ökonometrie-Orientierung, drückt sich das einheitliche Bewußtsein, eine empirische Wissenschaft zu betreiben, darin aus, daß Ökonomen aller Schulen den Prognoseerfolg als alles entscheidenden Prüfstein für ihre theoretischen Überzeugungen zu akzeptieren bereit sind: wenn die aus ihren Theorien ableitbaren bedingten Prognosen (bei tatsächlichem Vorliegen der für deren praktische Anwendung jeweils erforderlichen Randbedingungen) nicht oder nicht genau genug mit den faktisch konstatierbaren Ereignissen übereinstimmen, dann, so allgemein, muß die Theorie als falsifiziert gelten und, umgekehrt, nur wenn die Prognose erfolgreich ist, kann die entsprechende Theorie als bewährt bezeichnet werden.

Schließlich gibt es noch eine dritte augenfällig universelle Übereinstimmung, die uns im Hinblick auf spätere Ausführungen hervorhebenswert erscheint: Man stimmt darin überein, daß es eine präzise Abgrenzung des Gegenstandsbereichs der Ökonomie von dem anderer Disziplinen nicht gibt, dergemäß sich für jede auftauchende Frage exakt bestimmen ließe, ob sie eine ökonomische oder nicht-ökonomische Frage darstellt. Es besteht Einigkeit darin, daß die Abgrenzung ökonomischer Phänomene, als dem Gegenstandsbereich der Wirtschaftswissenschaft, von Phänomenen anderer sozialwissenschaftlicher Disziplinen vielmehr, ganz entsprechend dem Problem der Abgrenzung etwa von Physik und Chemie, oder dem von Psychologie und Soziologie, prinzipiell arbiträrer Natur ist, und im wesentlichen nur pragmatisch, d.i. unter Hinweis auf die faktisch etablierte Gestalt wissenschaftlicher Arbeitsteilung motiviert werden kann: Wie Psychologie und Soziologie beschäftigt sich auch die Ökonomie mit der Erklärung menschlichen Handelns bzw. mit der Erklärung von aus einer Vielzahl von Handlungsvollzügen sich ergebenden Aggregatgrößen, spezialisiert sich aber im Gegensatz zu den beiden anderen Disziplinen auf die Erklärung solcher Handlungen bzw. Aggregatgrößen, die landläufig als ‚ökonomische' eingestuft werden, d.i. in der Regel solche, die mit der Produktion, Verteilung und Verwendung von Gütern zu tun haben.[6] Überschneidungen und Berührungen mit den Problemen anderer Sozialwissenschaften können bei einer derart vage gehaltenen Definition naturgemäß nicht ausgeschlossen werden – sie sollen aber auch nicht ausgeschlossen werden.[7] Prinzipielle Einwände gegen eine stärkere Integration der verschiedenen sozialwissenschaftlichen Disziplinen bestehen nämlich nicht (wenn man auch hinsichtlich der Fruchtbarkeit der Ergebnisse einer solchen Integration z.T. recht unterschiedliche Erwartungen hegt), und sie können auch deshalb nicht bestehen, weil man für alle Sozialwissenschaften eine einheitliche Logik der empirischen Wissenschaften unterstellt. Grundsätzliche, kategorische Abgrenzungen der Ökonomie von anderen Disziplinen, so kann man zusammenfassen, und eine entsprechend prinzipiell begründete Anti-Integrationshaltung, wie sie etwa von L. Robbins vertreten wurde[8], erscheint heute zunehmend als unangebracht und befremdend. Auch darin drückt sich das erwähnte, schulübergreifende empiristische Bewußtsein der Ökonomie aus.

II

Ungeachtet ihrer weiten Verbreitung sind sämtliche der vorstehend skizzierten Überzeugungen unhaltbar. Das soll im folgenden im Detail nachgewiesen werden. Die Ökonomie ist eine aprioristische, keine empirische Wissenschaft: Alles das, was Ökonomen mit Recht als zentrale Bestandteile ihrer Wissenschaft ansehen, sind analytisch wahre Sätze, und sofern es sich dabei um Prognosen handelt, sind es Prognosen, die apodiktische Gewißheit besitzen, d.i. solche, die im Prinzip – unabhängig von jeder empirischen Bewährung bzw. Falsifizierung – allein aufgrund logischer Analyse als wahr bzw. falsch nachgewiesen werden können.

Analytisch wahre Sätze sind die Aussagen der Wirtschaftswissenschaften allerdings nur insofern, als der Gegenstandsbereich der Ökonomie definitorisch exakt eingegrenzt wird. Sie beschäftigt sich mit den notwendigen (praxeo-)logischen Konsequenzen gegebener, vorausgesetzter Wahlakte (Handlungen) in gegebenen, vorausgesetzten, mehr oder weniger komplexen Kontexten; die Erklärung (Prognose) der vorausgesetzten Handlungen bzw. Kontexte selbst dagegen, auch wenn sie landläufiger Meinung zufolge ökonomische Handlungen darstellen, ist nicht Ökonomie. Solche Erklärungen sind, wie zu zeigen sein wird, aus prinzipiellen logischen Gründen unmöglich: ob ökonomisches Handeln (Kauf eines Autos) oder politisches (Wahl einer Partei) – menschliche Handlungen haben keine Ursachen, aufgrund von deren Kenntnis sie vorausgesagt werden könnten; das Konzept ursächlicher Zusammenhänge im Bereich menschlichen Handelns, d.i. das Konzept aufgrund von Erfahrungen falsifizierbarer Gesetze des Handelns, impliziert einen logischen Widerspruch. Handlungen können prinzipiell widerspruchsfrei nur als ex post aus ihren Bestandteilen rekonstruierbar aufgefaßt werden. Insofern läßt sich die gerade angedeutete Abgrenzung des Gegenstandsbereichs der Ökonomie qua aprioristischer Wissenschaft als notwendig erweisen: sie definiert nämlich, wenn eine prognostisch verwertbares Wissen hervorbringende *empirische* Handlungswissenschaft *nicht* möglich ist, genau den Bereich, innerhalb dessen die Wissenschaften vom menschlichen Handeln allein in Anspruch nehmen dürfen, prognostizieren zu können, innerhalb dessen Prognosen dann freilich eine im Vergleich zu denen der empirischen (Natur-) Wissenschaften eigentümliche logische Struktur aufweisen.

Bei dem Versuch, diese Thesen im einzelnen zu beweisen und dabei inhaltlich näher zu bestimmen, knüpfen wir an die Tradition der ‚reinen' Ökonomie an, insbesondere an den Zweig, der als ‚österreichische Schule' firmiert. In ihrem Rahmen hat man es nämlich zu dem u.E. klarsten Bewußtsein vom aprioristischen Charakter der Ökonomie gebracht: Daß es sich bei den Sätzen der Wirtschaftswissenschaft faktisch um durch kontingente empirische Erfahrungen unwiderlegbare, logisch wahre Aussagen handelt, wird z.T. schon in den wichtigsten Schriften Mengers und Böhm-Bawerks deutlich[9] sowie in deren Auseinandersetzung mit dem Historismus der Schmoller-Schule.[10] Von einer ausdrücklichen Überwindung empiristischer Selbstmißverständnisse, die nicht zuletzt einer Vielzahl von Fehldeutungen, denen ihrer beider Arbeiten ausgesetzt waren (und noch sind), hätte vorbeugen können, sind Menger wie Böhm-Bawerk jedoch noch einen deutlichen Schritt entfernt. Dieser entscheidende Schritt wird erst von L. v. Mises getan, mit dessen ‚Human Action' die österreichische Schule ihren bis heute gewiß höchsten Entwicklungsstand erreicht hat. Mises ist nicht nur der exponierteste Vertreter einer sich ausdrücklich als aprioristische Wissenschaft verstehenden reinen Ökonomie, ihm sind auch die wissenschaftslogisch durchdachtesten Analysen zur Frage ‚Wie ist eine aprioristische Wissenschaft vom Handeln möglich?' zuzuschreiben. Vor allem seine Arbeiten sind es darum, denen unsere folgenden Ausführungen verpflichtet sind.[11]

Nun ist allerdings, wie die eingangs gemachten Feststellungen über die gegenwärtige Situation der Ökonomie deutlich gemacht haben dürften, nicht zu leugnen, daß die Vertreter der reinen Theorie, daß auch Mises offenbar wenig erfolgreich war(en) bei dem Versuch, ihre Fachkollegen von der Richtigkeit ihrer Selbstinterpretation der Wirtschaftswissenschaften zu überzeugen. Vorausgesetzt, man ist gleichwohl von der Korrektheit ihrer Auffassung überzeugt, und will nicht ausschließlich Unkenntnis, Unredlichkeit oder Unvermögen auf seiten der ‚Empiristen' für diesen Sachverhalt verantwortlich machen, so wird man sich Gedanken über die Gründe zu machen haben, die einen größeren Erfolg verhindert haben.

Zweifellos trägt die Person Mises': seine Streitbarkeit, die Unzeitgemäßheit seiner (wirtschaftspolitischen) Auffassungen, seine polemischen Talente, seine Apodiktizität, z.T. Schuld an diesem Zustand;[12] ebenso sicher wird man behaupten können, daß die durch die Herrschaft einer naiven empiristischen Wissenschaftsphilosophie gekennzeichnete Großwetterlage der Möglichkeit einer Wandlung des Selbstbildes der Wirtschaftswissenschaften zum Bild einer aprioristischen Wissenschaft (vergleichbar dem revolutionären Wandel, der sich hinsichtlich des Verständnisses des menschlichen Erkenntnisapparates im Übergang von Hume zu Kant vollzogen hat) insgesamt nicht günstig ist. Von entscheidender Bedeutung für die offenbar unzureichende Überzeugungskraft, die von der Position reiner Ökonomie aus bisher entfaltet werden konnte, ist u.E. jedoch etwas anderes – eine bedeutsame Lücke in der Argumentationsfront selbst: Mises (übrigens auch Robbins) erbringt nämlich nicht den Nachweis, daß eine prognostisch verwertbares Wissen hervorbringende empirische Handlungswissenschaft prinzipiell nicht möglich ist. Er weist (genau wie Robbins) lediglich darauf hin, daß faktisch eine solche Wissenschaft nicht existiert, und daß man offensichtlich nicht über ein einziges, durch mehrere empirische Tests erfolgreich hindurchgegangenes Gesetz des Handelns verfügt; und, wohl ahnend, daß ein solcher Hinweis als prinzipielles Argument im Ernst nicht ausreicht, fügt er noch hinzu, daß es konstante Relationen im Rahmen menschlichen Handelns eben nicht gebe[13], und die genannte Tatsache insofern nicht überraschend sei. Dieser Hinweis wird aber dann schon als ausreichend betrachtet, um folgende Konsequenz zu ziehen: Da selbst unerklärbar (ein ‚ultimate given'), müsse man sich Handlungen und Handlungskontexte als Daten *vorgeben* lassen, und die Ökonomie könne dann als die Disziplin bestimmt werden, die die sich aus der Durchführung einer vorausgesetzten Handlung im Rahmen eines vorausgesetzten Datenkranzes (bzw. sich nach einem vorausgesetzten Schema *ändernden* Datenkranzes) ergebenden, logischen, mit Vor-geben der Datenkonstellation bereits mitgegebenen Implikationen herausarbeite.[14]

Offenbar liegt die entscheidende Schwäche dieser Argumentation darin, daß sie nicht die *Notwendigkeit* der Konsequenz zu zeigen vermag, die Ökonomie als eine aprioristische Wissenschaft auffassen zu müssen. Allenfalls kann man davon sprechen, daß eine derartige Konsequenz plausibel gemacht bzw. pragmatisch gerechtfertigt wird. Solange aber nicht der unabweisbare logische Nachweis erbracht ist, daß eine Handlungen erklärende empirische Wissenschaft nicht möglich ist, solange haftet dieser Entscheidung ein Moment der Willkür an. Dies zumal deshalb, weil mit der Konzeptualisierung der Ökonomie als aprioristischer Wissenschaft ja eine Eingrenzung des ökonomischer Analyse Zugänglichen vorgenommen wird, die, mit ihrer expliziten Ausklammerung jeder Erklärung von Handeln (und sei es im landläufigen Sinne noch so ökonomisch), scheinbar als durchaus bedeutsamer Erkenntnisverzicht gedeutet werden muß.[15] Angesichts dessen erscheint es nicht unvernünftig, etwa folgende Position einzunehmen: Zugegeben, man könne – bei entsprechenden Erkenntnisverzichten – die Ökonomie als eine aprioristische Wissenschaft konzeptualisieren, aber eigentlich komme es – als wissenschaftlich anspruchsvolleres Ziel – darauf an, Ökonomie als empirische Handlungswissenschaft zu betreiben (mit Prognosen, die sich an Erfahrungen bewähren müssen, und die an Erfahrungen scheitern können), und es sei geradezu ein Desiderat zukünftiger ökonomischer Forschung, die analytisch wahren Sätze der reinen Theorie als Sätze zu reformulieren, die empirischen Tests nicht nur zugänglich sind, deren Wahrheitsgehalt vielmehr als vom Ausgang solcher Tests abhängig gilt.[16]

Mit dieser Wendung wird die Position reiner Theorie gleichsam in die Ecke gestellt: Man bestreitet nicht unbedingt, daß sie möglich ist; sie ist aber nur eine von zwei möglichen Positionen, und als diejenige, der man nur allzuleicht willkürliche Erkenntnisverzichte unterstellen und – für den naiven Verstand scheinbar haarsträubend – Immunisierung gegen Erfahrung vorwerfen kann, ist es zugleich diejenige, mit der man als Real-Wissenschaftler, der selbstverständlich mit beiden Beinen auf dem Boden von Tatsachen stehen will, naturgemäß nicht gern in Verbindung gebracht sein will. – Daß die Mehrzahl heutiger Ökonomen mit Dingen beschäftigt ist, die, folgt man der Position reiner Theorie, mit Ökonomie überhaupt nichts zu tun hat[17], oder aber mit der Übersetzung von Sätzen bzw. Satzsystemen aus dem (richtigen) Sprachspiel einer reinen Wissenschaft (wie sie, unbestritten, Mathematik und Logik darstellen) in das (falsche) einer empirischen – sowie der Überprüfung der so reformulierten Sätze an der Erfahrung[18] – kann also nicht überraschen.

Es ist die Schwäche der Position, deren herausragendster Vertreter Mises ist, eine solche als möglich, ja, wahrscheinlich antizipierbare Reaktion auf die Herausforderung reiner aprioristischer Theorie nicht als grundsätzlich unzulässig nachgewiesen zu haben, d.i. als eine Reaktion, die nachweisbar logisch widersprüchlich ist (trotz ihrer scheinbaren Vernünftigkeit). Dabei sind wir der Überzeugung, wie schon oben, bei der thesenhaften Ankündigung der Demonstrationsziele dieser Abhandlung zum Ausdruck gebracht, daß ein solcher Nachweis möglich ist. Die zusätzliche Beweislast, die der Position reiner Theorie dadurch aufgebürdet ist, daß man von ihr – soll überhaupt eine Chance bestehen, ihre Schattenexistenz zu beenden – nicht nur einen Nachweis ihrer Möglichkeit, sondern den ihrer Notwendigkeit glaubt erwarten zu können, läßt sich durchaus tragen. Bei unserem Versuch, die Ökonomie als aprioristische Wissenschaft zu begründen, wird der entsprechende Nachweis einen bedeutsamen ersten Schritt des gesamten Argumentationsganges darstellen: Die Ökonomie, so also die These, *muß* als aprioristische Wissenschaft aufgefaßt werden; denn eine prognostisch verwertbares Wissen erzeugende empirische Handlungswissenschaft ist nicht widerspruchsfrei konzeptualisierbar. Der scheinbare Ausweg existiert in Wahrheit nicht, und die reine Theorie verzichtet auf nichts, was nicht ohnehin unmöglich ist.

Bereits unabhängig von einem Nachweis der Unmöglichkeit einer empiristischen Ökonomie gilt: Ein blind empiristisches Bewußtsein, das, den Möglichkeiten (wie natürlich auch den Grenzen) einer aprioristischen Ökonomie gegenüber uneinsichtig, Ökonomie *ausschließlich* als empirische Wissenschaft betreiben wollte, müßte als nicht weniger unvernünftig gelten als eines, das Mathematik und Logik, wie man sie kennt, vollständig durch eine empirische Mathematik und Logik ersetzen wollte: im einen wie im anderen Fall führte dies zu Situationen, die der Beförderung wissenschaftlicher Fortschritte nicht nur nicht förderlich sind, in denen vielmehr wissenschaftlicher Fortschritt dadurch systematisch aufgehalten wird, daß man auch Aussagen, die jederzeit allein aufgrund logischer Analyse etwa als falsch erwiesen werden könnten, blind uminterpretiert in legitimerweise aufrechterhaltbare, gründlicher empirischer Überprüfung bedürftige Hypothesen. Wird aber sogar die Unzulässigkeit eines empiristischen Bewußtseins in der Ökonomie überhaupt nachgewiesen (und nicht nur, daß ein ausschließlich empiristisches Bewußtsein fatale Folgen zeitigt), so wird der Grad der Unvernunft der Position einer in der Einstellung eines empirischen Wissenschaftlers betriebenen Ökonomie noch einmal ein deutliches Stück gesteigert: Dann nämlich muß der Vorwurf, man treibe nachweisbar Unsinn, d.i. man tue etwas, was man, ohne sich in Widersprüche zu verwickeln, prinzipiell zu tun nicht behaupten kann, grundsätzlich gegenüber jedem Versuch, empirische Gesetze des Handelns zu finden bzw. zu testen, erhoben werden, wobei in einigen besonderen Fällen sogar noch der zusätzliche Vorwurf angebracht sein kann, man benehme sich außerdem wie jemand, der den Satz des Pythagoras empirischer Überprüfung für bedürftig halte. – Auch dies soll im folgenden gezeigt werden.

III

Der Grundgedanke des Beweises über die Unmöglichkeit einer empirisch-kausalwissenschaftlichen Handlungswissenschaft, d.i. einer an prognostisch verwertbarem Gesetzeswissen interessierten Sozialwissenschaft, sei es Ökonomie oder Soziologie, stammt von K.R. Popper.[19] Bemerkenswerterweise ist seinem knappen Argument bisher unseres Wissens kaum besondere Aufmerksamkeit gewidmet worden – und dies trotz der Tatsache, daß sich Popper ansonsten über zu wenig ihm zuteil werdende Aufmerksamkeit gewiß nicht (mehr) beklagen kann. Dabei ist die wissenschaftslogische Bedeutung seines Arguments kaum zu überschätzen. Allerdings – und dies, so glauben wir, erklärt z.T. die mangelnde Beachtung des Arguments jedenfalls durch seine Anhänger[20] – läuft es in der Sache dem zuwider, wofür der kritische Rationalismus qua Methodologie der Sozialwissenschaften eigener Selbstinterpretation zufolge steht: dem Programm eines auf falsifizierbaren empirischen Erfahrungen aufbauenden ‚piecemeal social engineering'.[21]

Der Beweis selbst läßt sich, Poppers Argument dabei leicht modifizierend, verbessernd und auch in eine allgemeinere Form bringend, in wenigen Sätzen formulieren:[22]

(1) Ich kann lernen (und jedermann, mit dem ich in einen Gedankenaustausch – Diskussion, Argumentation o.ä. – eintreten kann, wird von mir zwangsläufig ebenfalls als lernfähig anerkannt).

Kommentar: Diese Aussage ist erfahrungsunabhängig wahr, d.i. sie gilt a priori. Das zeigt sich u.a. darin, daß die Negation der Aussage ‚ich kann lernen' logisch widersprüchlich ist (womit die Aussage selbst unwiderlegbar wird) – a) entweder offen widersprüchlich als Aussage ‚ich kann lernen, daß ich nicht lernen kann', oder b) implizit widersprüchlich als Aussage ‚ich kann nicht lernen', die, da sie voraussetzt, daß man das Konzept ‚lernen' versteht, besagt, daß man gelernt hat, daß man nicht lernen kann – und also gleichfalls widersprüchlich ist. Zum anderen zeigt sich die a priori-Validität des eingeklammerten Aussageteils – ganz entsprechend – darin, daß auch hier die Negation des an eine Person gerichteten Satzes ‚du kannst lernen', d.i. also: ‚du kannst nicht lernen', insofern kontradiktorisch ist (und somit die Unwiderlegbarkeit der Ausgangsaussage bestätigt), als mit der bloßen Adressierung ja bereits unterstellt ist, daß die angesprochene Person lernen bzw. verstehen kann.[23]

Anmerkung: Daß man lernen kann, muß (und wird) übrigens auch von jedem Wissenschaftler sofort zugestanden werden: er selbst sucht ja neue Fakten oder bestätigende Ereignisse, oder entwickelt neue, zur Beschreibung von Fakten geeignete Konzepte, oder sucht nach neuen Erklärungen für gegebene Phänomene – unterstellt also in jedem Fall, daß er lernen kann.

(2) Wenn man sich selbst (und andere Personen) als lernfähig konzeptualisiert, so impliziert dies die Anerkennung der Aussage, daß jeweils zukünftige Wissenszustände (eigene wie fremde) als unvoraussagbar aufgefaßt werden.

Kommentar: ‚Unvoraussagbarkeit zukünftiger Wissenszustände' und ‚Lernfähigkeit' sind definitorische Äquivalente. Würde man immer schon – gewissermaßen von Anbeginn seiner Existenz als eines mit Bewußtsein ausgestatteten Wesens – wissen, was man jemals zu irgendwelchen späteren Zeitpunkten wissen wird, so hieße dies, daß man nicht lernen kann; gesteht man sich (und anderen) aber Lernfähigkeit zu, so ist dies das Eingeständnis, daß man nicht voraussagen kann, was man zu späteren Zeitpunkten einmal wissen wird. – Wie die Aussage, man könne nicht lernen, unverteidigbar ist, ist dabei auch die, man wisse schon, was man jemals wissen werde, apriori unhaltbar: indem man sie ausspricht und im Rahmen einer Diskussion zu verteidigen gedenkt, räumte man bereits die Möglichkeit kontingenter, vorweg nicht gewußter Antwort-Reaktionen ein. Und umgekehrt kann die Aussage, zukünftige

Wissenszustände könnten nicht vorhergesagt werden, auch genausowenig durch Erfahrung widerlegt werden wie die, man könne lernen: Erfahrungen können beide Aussagen immer nur bestätigen.

Anmerkung: Daß auch der Wissenschaftler von der Unvoraussagbarkeit zukünftiger Wissenszustände ausgeht, muß kaum eigens betont werden. Wüßte er bereits alles, was er jemals wissen wird, so könnte er sich gewissermaßen zur Ruhe setzen. – Im übrigen impliziert bereits die Anerkennung der möglichen Existenz (Hypothesen-)falsifizierender Erfahrungen, daß man eben nicht schon weiß, was man zu späteren Zeitpunkten wissen wird.

(3) Die Unvoraussagbarkeit zukünftiger Wissenszustände impliziert die Unvoraussagbarkeit zukünftigen Handelns.

Kommentar: Auch hier handelt es sich um eine definitorische Äquivalenz. Wissen ist mögliches (virtuelles) Handeln. Man spricht nur dann davon, daß man (um) etwas wisse bzw. etwas verstanden oder begriffen habe – sei es einen Begriff, sei es die Existenz eines Sachverhalts, sei es einen (hypothetischen) Zusammenhang zwischen Ereignissen oder was immer sonst – wenn sich dies auch praktisch äußern kann. Wäre dies nicht so, und müßte sich also ein Lernen, d.i. eine Veränderung eines Wissenszustandes, nicht auch in einer intersubjektiv wahrnehmbar veränderten Praxis ausdrücken können, so gäbe es keine Möglichkeit, sich selbst und andere davon zu überzeugen, daß man tatsächlich etwas gelernt (verstanden) hat. (Wie sollte z.B. ein Lehrer dann jemals herausfinden, ob ein Schüler etwas tatsächlich weiß?) Nur wenn dies möglich ist, sprechen wir jedoch von Wissen.[24] Damit wird Satz (3) unmittelbar einsichtig: Wenn man zukünftige Wissenszustände nicht voraussagen kann, kann man auch zukünftige Handlungen nicht voraussagen, da das unvoraussagbare zukünftige Wissen im Prinzip in zukünftigen Handlungen Ausdruck finden können muß.

Anmerkung: Auch der Wissenschaftspraktiker gibt – jedenfalls implizit – die Unvoraussagbarkeit zukünftiger Handlungen zu, indem er u.a. – wie insbesondere von Ökonomen regelmäßig getan – die Existenz des berühmtberüchtigten Phänomens von self-fulfilling oder -destroying prophecies anerkennt: Eine als bedingte Prognose formulierte Aussage über einen Bereich des Handelns kann nur deshalb überhaupt zu einer self-fulfilling oder -destroying prediction (und nicht einfach: Prognosen-Bestätigung oder -Falsifikation) erklärt werden, weil man davon ausgeht, daß die, auf deren Verhalten sich die Aussage bezieht, in prinzipiell kontingenter Weise (d.i. lernend) auf diese Aussage reagieren können (*prinzipiell* kontingent derart, daß es auch keinen Ausweg darstellte, wenn der Wissenschaftler etwa eine Prognose darüber formulierte, wie auf die erste Prognose reagiert wird, da, wenn man Personen im ersten Schritt als lernfähig konzeptualisiert hat, man auch unterstellt, daß sie natürlich auch auf die Prognosen-Prognose kontingent reagieren können usw. usw. ad infinitum). Damit aber ist nichts anderes gesagt als dies: daß Prognosen, von denen man annimmt, daß sie self-fulfilling oder -destroying prophecies werden können, in Wahrheit eben nicht ‚normale': bestätig- bzw. falsifizierbare *Prognosen* sind, sondern ausschließlich Aussagen über *vergangene* Regelmäßigkeiten, während man hinsichtlich der Zukunft prinzipielle Unvoraussagbarkeit (implizit) zugibt.

Die Konsequenzen für die Methodologie der Sozialwissenschaften, die sich aus der Anerkennung der voranstehenden 3 Sätze ergeben, können in folgenden zwei Punkten zusammengefaßt werden:

– Eine prognostisch verwertbares Wissen generierende empirische Sozial- bzw. Handlungswissenschaft ist unmöglich. Wenn man sich selbst ebenso wie anderen Personen Lernfähigkeit zuschreibt – etwas, was man tun muß und a priori immer tut – dann impliziert dies rein logisch, daß man zukünftiges Wissen und Handeln als unvoraussagbar zu betrachten hat; und jeder Handlungswissenschaftler, der meint, etwa mit der Formulierung einer Voraussagegleichung ein durch Erfahrung falsifizierbares empirisches Handlungsgesetz aufgestellt zu haben, verwickelt sich mit einer solchen Aussage in einen logischen Widerspruch und redet somit Unsinn. – Die Sozialwissenschaft qua empirische Wissenschaft kann widerspruchsfrei nur als rekonstruierende Wissenschaft begriffen werden.[25]
– Die Möglichkeit von Prognosen einer aprioristischen Handlungswissenschaft, d.i. von Aussagen, deren Validität sich im Prinzip jederzeit allein aufgrund logischer Analyse beurteilen läßt, bleibt vom obigen Nachweis unberührt. Widerlegt wird von ihm ja nur die Möglichkeit der Vorhersage zukünftiger Handlungen (und, muß man es hinzufügen, des zukünftigen Verhaltens von Aggregatgrößen, sofern diese individuelle Handlungen logisch enthalten bzw. aus ihnen zusammengesetzt sind), insofern diese sämtlich durch unvoraussagbares zukünftiges Wissen (qua mögliches Handeln) beeinflußt werden können. – Im Umkehrschluß besagt dies aber gerade: Prognostizierbarkeit hinsichtlich eines Gegenstandsbereichs, der durch mögliches, in seinen Ergebnissen unvoraussagbares Lernen prinzipiell *nicht* beeinflußt werden kann, bleibt durch den o.a. Nachweis unbestritten. Derart unbeeinflußbar ist für das Feld ‚Handeln' nun aber, dies exakt bestimmbar, allein der Bereich *logischer* Handlungskonsequenzen, d.i. der Folgen vorausgesetzter Handlungen in vorausgesetzten Datenkonstellationen: Handlungen selbst, wie auch soziale Handlungssequenzen, d.i. auf gegebene Handlungen empirisch folgende Handlungsreaktionen, sind durch unvoraussagbares zukünftiges Wissen beeinflußbar und können somit nicht Gegenstand möglicher Prognosen sein; erfahrungsunabhängig, a priori-gültig, durch Lernen unbeeinflußbar (wie immer man es nennen mag), sind (und können nur sein) per definitionem Aussagen über logische Handlungsfolgen, d.i. Aussagen, deren Kenntnis oder Nicht-Kenntnis für den Handelnden zwar höchst bedeutsam sein mag und seine Handlungen möglicherweise so oder so beeinflußt, deren Geltung aber von seinem Wissen oder Unwissen und von seinem wie immer gearteten faktischen Handeln in demselben Sinn unabhängig ist, wie die Geltung des Satzes des Pythagoras von meiner Kenntnis desselben und davon, wie immer ich bei gegebener Kenntnis handeln mag. – Kurz – es folgt aus dem obigen Nachweis: Wenn eine empirische Handlungswissenschaft nur als rekonstruierende begründet werden kann, dann muß logisch, wenn es im gesamten Bereich der Handlungswissenschaft überhaupt Prognosen gibt, dieser Teil der Wissenschaft aprioristischen Charakter haben.

Für unser Thema: die Begründung der Ökonomie als einer notwendig aprioristischen Wissenschaft ist ersichtlich in erster Linie die zweite Konsequenz von Belang. Unsere Argumentation hat mit ihr den Punkt erreicht, an dem nachgewiesenermaßen klar sein sollte, daß, wenn es in der Handlungswissenschaft Erklärungen bzw. Prognosen gibt, solche Aussagen aprioristischen Charakter besitzen müssen, da eine empirische Handlungswissenschaft nur rekonstruierend vorgehen kann. Die Frage, die sich dann aufdrängt, ist: Wie ist Ökonomie qua aprioristische Wissenschaft möglich; wie sehen ökonomische Theoreme, die a priori-Geltung beanspruchen, aus? Ehe jedoch die konstruktive Aufgabe der Beantwortung dieser Frage in Angriff genommen wird, erscheint uns allerdings – gleichsam in Parenthese – noch eine kurze Betrachtung zur Frage angebracht, warum Popper sich nicht selbst ebenfalls zu der logisch unabweisbaren Einsicht in die o.a. Konsequenz durchgerungen hat.

Zwar kommt auch er, wie wir, zu dem Resultat, daß Handlungen, sofern sie von unvoraussagbarem zukünftigen Wissen beeinflußt werden können, gleichfalls unvoraussagbar sind; und, ebenfalls noch durchaus im Sinne unserer Ergebnisse interpretierbar, stellt auch er fest, daß dies jedoch nicht generell die Möglichkeit sozialwissenschaftlicher Prognosen in Frage stellt: Im Gegenteil, schreibt er, „die Möglichkeit der Prüfung von Sozialtheorien – etwa von Wirtschaftstheorien – mit Hilfe der Voraussage, daß bestimmte Entwicklungen unter bestimmten Bedingungen eintreten werden, bleibt durchaus offen.“[26] Aber Popper glaubt irrtümlicherweise, daß es sich dabei um ‚normale‘, mit denen in den Naturwissenschaften vergleichbare empirische Prognosen handeln kann. Dafür bietet nicht nur das gesamte Buch, dem sein Argument vorangestellt ist, vielfachen Beleg[27], es findet sich auch nirgends, wie andernfalls wohl hätte erwartet werden können, eine explizite Äußerung, daß solche, trotz seines Lern-Arguments für möglich gehaltenen Sozialprognosen den Charakter aprioristischer Aussagen haben und haben müssen.

Über die Gründe für Poppers Uneinsichtigkeit kann hier nur spekuliert werden; immerhin bietet sich auf diese Weise jedoch die Gelegenheit, einige Bemerkungen einzuflechten, die geeignet sein könnten, sich mit dem Gedanken der logischen Unabweisbarkeit der o.a. Konsequenz stärker anzufreunden. – Erkenntnispsychologisch gesehen ist für den genannten Irrtum vermutlich entscheidend die Tatsache, daß die Idee einer aprioristischen Ökonomie Popper unbekannt war – ein Blick durch die Namensregister seiner Bücher zeigt jedenfalls, daß weder der Name L. v. Mises dort auftaucht, noch, daß ihm L. Robbins Arbeit über die Natur der Ökonomie bekannt gewesen zu sein scheint. So mußte sich ihm wohl die Mehrheitsmeinung der Fachökonomen (die sich aufgrund erratischer Eindrücke von den Leistungen der Disziplin gerade für den Laien auch prima vista höchst plausibel ausnimmt), daß es sich bei der Ökonomie um eine empirische Wissenschaft handelt, als unbestrittene Selbstverständlichkeit darstellen. Aufgrund dieser Konstellation von Unkenntnis und aufgrund von Unkenntnis übernommenem Urteil (d.i. Vorurteil) gerät er aber in die für die Gewinnung neuer Einsichten erkenntnispsychologisch ungünstige Position einer Person, die für ein von ihr aufgeworfenes Problem die an sich logisch eindeutig folgende Lösung nur deshalb nicht findet, weil sie die Idee, die die

Lösung darstellt, als bereitliegende Idee nicht kennt, und ein Vorurteil sie daran hindert, sie von sich aus ins Auge zu fassen.

Neben diesen psychologischen Barrieren, oder, noch wahrscheinlicher: in Verbindung mit ihnen, mag jedoch auch ein Selbstmißverständnis des eigenen Arguments für Poppers Inkonsequenz verantwortlich sein. Möglicherweise interpretiert er nämlich die Aussage, man könne Handlungen nicht voraussagen, insofern diese durch einen möglichen Wissenswandel beeinflußt werden könnten, so, als sei davon nur eine eingrenzbare Klasse von Handlungen betroffen, während eine andere Klasse von Handlungen bestimmbar sei (die, mit deren Erklärung sich die Ökonomie als empirische Wissenschaft beschäftige), für die eine derartige Beeinflußbarkeit nicht bestehe. Eine solche Interpretation der Aussage – semantisch-grammatisch sehr wohl denkbar – ist aus logischen Gründen jedoch unannehmbar. Nur *die* Deutung ist logisch einwandfrei, die die obige Aussage versteht als ‚keine Handlung ist voraussagbar, insofern alle Handlungen von (unvoraussagbarem) möglichem Wissenswandel beeinflußt werden können'. Die Aussage, zukünftige Wissenszustände seien unvoraussagbar, schließt nämlich logisch die ein, daß man eben auch nicht vorauszusagen vermag, welche Handlungen im einzelnen von möglichem Wissenswandel betroffen werden bzw. werden können und welche nicht, denn diesbezügliche Informationen gehören ja selbst zum unvoraussagbaren zukünftigen Wissen. Darum gilt die Unvoraussagbarkeit zukünftigen Handelns a priori für alle Handlungen – ob sie sich aufgrund entsprechender Wandlungen im Wissen im Zeitverlauf ändern, oder ob sie, wie das in ihnen sich manifestierende Wissen, stabil bleiben: es läßt sich dies immer nur nachträglich rekonstruieren. Von möglichem Wissenswandel unbeeinflußbar sind allein solche Aussagen über Handeln, die, wie die der Logik, erfahrungsresistent sind. Warum auch immer Popper einen entscheidenden Schritt vor dieser Einsicht haltgemacht haben mag – diese Konsequenz folgt notwendig aus seinen eigenen Aussagen.[28]

IV

Wie die folgenden Ausführungen noch im Detail deutlich machen werden, unterscheidet sich die Ökonomie, obwohl selbst eine aprioristische Wissenschaft, gleichwohl in bemerkenswerter Weise von den formal-aprioristischen Disziplinen wie Logik und Mathematik. Nur das Ausmaß der Eigentümlichkeit gegenüber den letzteren macht es überhaupt verständlich, inwiefern der wissenschaftslogische Charakter der Ökonomie qua aprioristischer Disziplin solange undurchschaut bleiben konnte und selbst nach korrekter Explizierung weiterhin fast unverändert unverstanden geblieben ist: prima vista erscheint nichts befremdlicher als die gemeinsame Klassifizierung von Logik und Ökonomie als aprioristischer Wissenschaften. Dennoch, dies vor allem wird zu zeigen sein, gibt es an dieser Einordnung nichts zu deuteln; es handelte sich im Gegenteil um eine folgenschwere Täuschung, gelangte man hinsichtlich dieser Frage zu einem anderen Ergebnis; die Ökonomie weist zwar deutliche Besonderheiten auf, die zu leugnen Blindheit voraussetzte, deren Existenz aber an der Berechtigung der obigen Klassifikation nichts zu ändern vermag.

Wie auch die formale Logik nicht voraussetzungslos beginnt, sondern von denen, die sie verstehen sollen, vorausgesetzt werden muß, daß sie in der Lage sind, elementare, logikkonstitutive Begriffe zu verstehen: wie etwa den des auf einen Gegenstand bezogenen Zu- bzw. Absprechens von Prädikaten[29] (d.i. das Konzept von ‚wahr' und ‚falsch', von ‚ist' und ‚ist-nicht'), und ebenso den der logischen Partikel wie ‚und' und ‚oder' usw., so nimmt auch die Ökonomie ihren Ausgang von Grundbegriffen. Diese sind, wie die der Logik, elementar und universell, d.i. jeder normale Mensch kann sie ohne Schwierigkeiten verstehen. Die Ökonomie qua aprioristische Handlungswissenschaft beginnt mit den Begriffen, die als universelle Handlungskategorien charakterisiert werden müssen: jedermann, der handeln kann, muß seine Handlungen, was immer auch deren spezifische Gestalt sein mag, unter Verwendung ebendieser Kategorien begrifflich rekonstruieren – erst indem er sie verwendet, konstituiert er etwas überhaupt als eine ‚Handlung'; er versteht sie also, weil er weiß, was es heißt, zu handeln.[30]

Jeder, der handeln kann, weiß, was ein Handlungs*ziel* ist; er weiß, daß jede Handlung, um Handlung zu sein, ein Ziel hat, das vom Standpunkt des Handelnden *subjektiven Wert* besitzt – genauer noch: einen höheren Wert als der Zustand, von dem aus ansetzend die Handlung das entsprechende Ziel zu erreichen sucht (sonst würde man nicht handeln), und einen höheren Wert auch als alle übrigen dem Handelnden zum gegebenen Zeitpunkt subjektiv denkbar erscheinenden Alternativen (sonst würde man anders handeln). Kurz, jeder Handelnde kann verstehen, was es heißt, wenn man sagt, daß jede seiner Handlungen das ihm zu einem gegebenen Zeitpunkt subjektiv am dringendsten erscheinende Bedürfnis zu befriedigen sucht bzw. (was dasselbe bedeutet) das Ziel, dem von ihm subjektiv der höchste Wert zugemessen wird.[31]

Des weiteren kann jeder Handelnde der Aussage zustimmen, daß jede Handlung, was immer ihr Ziel sein mag, um ‚Handlung' zu sein, dadurch charakterisiert ist, daß sie, um das Ziel zu erreichen, bestimmte *Mittel* in Anspruch nehmen muß. Solche Mittel können Gegenstände mit einer physischen Existenz sein, aber auch Dinge, die sich nicht so beschreiben lassen, wie etwa ‚Zeit' und ‚Dienstleistungen': alles, was ein Handelnder zur Realisierung eines Ziels benutzt, und was wegen seiner entsprechenden Dienstbarkeit für ihn einen von der Wertschätzung des Ziels *abgeleiteten* Wert besitzt, d.i. den Charakter eines *Gutes*, ist Mittel zu gegebenem Ziel.[32] – Mittel sind notwendigerweise knapp (nur darum besitzen sie für den Handelnden einen abgeleiteten Wert); sogenannte ‚freie' Güter, d.i. Dinge, die im Überfluß vorhanden sind, sind nicht Mittel, die ein Handelnder zur Zielerreichung einsetzt; sie können, wie etwa die Luft, die man zum Atmen braucht, für die Erhaltung unserer Existenz notwendig sein – solange sie jedoch nicht knapp sind, wird in bezug auf sie nicht gehandelt, sie stellen vielmehr einen Teil der Umwelt dar, *in* der gehandelt wird. Handeln dagegen heißt: etwas, das knapp ist, im Dienste bestimmter Ziele zu verausgaben. (Qua Handlungswissenschaft ist die Ökonomie darum prinzipiell nicht mit freien Gütern befaßt, sondern ausschließlich mit Mitteln.) Dabei kann selbstverständlich etwas vom physikalisch-chemischen Standpunkt Identisches zu verschiedenen Zeitpunkten bzw. in verschiedenen Situationen einmal (knappes) Mittel und ein andermal freies Gut sein. Etwas ist nicht Mittel-an-sich, sondern etwas wird dadurch zum Mittel, daß man es als knapp hinsichtlich der Realisierung seiner Ziele behandelt, als etwas, mit dem hausgehalten werden muß. (‚Zeit' ist für uns als endliche Wesen dasjenige Mittel, das schlechthin universellen Mittelcharakter besitzt; jede unserer Handlungen wirtschaftet (mindestens) mit Zeit, d.i. steht unter Zeitdruck bzw. behandelt Zeit als knapp. Selbst im Schlaraffenland müßten wir, solange die menschliche Existenz endlich ist, mit Zeit haushalten: „Although all his (man's) appetites could be satisfied immediately without any expenditure of labor, he would have to arrange his time schedule, as there are states of satisfaction which are incompatibel and cannot be consummated at the same time. For this man, too, time would be scarce and subject to the aspect of sooner and later."[33])[34]

Da jede Handlung, worauf sie auch immer abzielt, die Verausgabung knapper Mittel impliziert, besitzt sie somit auch (um Handlung sein zu können), was jeder Handelnde als universellen Handlungskonstituent ebenfalls problemlos zu rekonstruieren vermag, einen *Kosten*aspekt. Jede Handlung verursacht für den Handelnden Kosten – so wie es alltagssprachlich ja z.B. auch zutreffend hinsichtlich des knappen Handlungsmittels Zeit durch den Ausspruch Zeit sei Geld zum Ausdruck gebracht wird. Dabei sind die Kosten einer gegebenen Handlung gleich derjenigen Wertschätzung, die der Handelnde dem subjektiv wichtigsten Bedürfnis (Ziel) zumißt, das er deshalb *nicht* befriedigen (anstreben) kann, weil die zu dessen Befriedigung erforderlichen Mittel bei der Verfolgung des mit der fraglichen Handlung zu befriedigen gesuchten (höher bewerteten) Bedürfnisses (Ziels) gebunden bzw. verausgabt werden.

Führt eine Handlung dann, obwohl ihr Ziel dem Handelnden ex ante immer die ihm entsprechenden Kosten wert ist, ex post zu einem Zustand, der in der subjektiven Einschätzung des Handelnden geringeren Wert besitzt als die mit der Handlung subjektiver Einschätzung zufolge verbunden gewesenen Kosten, so spricht man von einem *Verlust;* wird dagegen ein Zustand realisiert, der auch aus nachträglicher Sicht die entstandenen Kosten an Wert übertrifft, so handelt es sich um einen durch die Handlung erzielten *Gewinn* oder *Profit.* – Jede Handlung erstrebt, gemäß den hier als Handlungskategorien rekonstruierten begrifflichen Bestimmungen, immer und ausnahmslos einen (möglichst großen) Profit; aber unsere Nicht-Allwissenheit hinsichtlich der im weitesten Sinn ‚technischen' Voraussetzungen der Zielerreichung (man kann lernen, d.i. auch: man kann irren!), wie auch die Tatsache, daß die Zeitdifferenz zwischen Handlungsbeginn und -ende einen Wandel in den subjektiven Bewertungsmaßstäben selbst möglich sein läßt, bedroht, ebenso ausnahmslos, jede Handlung mit der Möglichkeit (auch) eines Verlustes.

Auf dem Verständnis dieser Begriffe baut die Ökonomie auf. Um ihre Theoreme zu verstehen, benötigt man im Prinzip nicht mehr als ihre Kenntnis, die zumal deshalb bei jedem Handelnden vorausgesetzt werden kann, weil es sich bei ihnen um die Kategorien handelt, die jeder – unabhängig davon, welche konkrete Gestalt seine Handlungen annehmen mögen, und unabhängig davon, unter welchen speziellen Bedingungen er handelt, ja, allgemein: unabhängig davon, wie die Welt, in der man handelt, aussieht – selbst zur allgemeinsten begrifflichen Charakterisierung seines Handelns verwenden muß, solange er nur überhaupt *handelt* bzw. solange es sich nur überhaupt um eine *Handlung* handelt.

Wie gelangt die Ökonomie im Ausgang von den gerade entfalteten begrifflichen Zusammenhängen nun zu aprioristischen Erkenntnissen, vor allem: zu aprioristischen Erkenntnissen, die zugleich solche über die Realität darstellen, und auch: die nicht trivial, zumindest weniger trivial sind als die bisher dargestellten und in universellem Maßstab als a priori gültig (analytisch wahr) verstehbaren Aussagen?[35] Die im Anschluß sogleich weiter zu elaborierende Antwort ist: Indem man mehr oder weniger komplexe Welten und sich nach mehr oder weniger komplexem Muster ändernde Welten konstruiert und/oder rekonstruiert, in denen die allgemeinen Handlungskategorien eine konkrete Bestimmung erfahren, und dann für so vorausgesetzte Datenkonstellationen und Konstellationsänderungen entfaltet, was die Durchführung bestimmter Handlungen in ihrem Rahmen bedeutet (logisch impliziert).[36]

Die Aussagen der Ökonomie, trivial oder nicht-trivial, sind also zunächst, um dies noch einmal zu betonen, grundsätzlich nicht mit der *Erklärung* von Handlungen und Handlungswelten beschäftigt. Wann welche Personen unter Einsatz welcher Mittel und bei Veranschlagung welcher Kosten welche Ziele verfolgen und dabei welche Verluste oder Profite machen, ist prinzipiell unerklärbar; wenn man sich, unbestreitbarermaßen, als lernfähig konstituiert, dann gibt es keine durch Erfahrung falsifizierbaren Handlungsgesetze, auf deren Grundlage sich bedingte Prognosen ableiten ließen, sondern nur als Daten der Vergangenheit rekonstruierbare Informationen. Lernen zu können, bedeutet nämlich, die Art und Aufeinanderfolge zukünftiger mentaler Disequilibriumzustände als unvoraussagbar aufzufassen, und entsprechend auch die Aktivitäten, die solche Disequilibria aufzulösen geeignet erscheinen. – Es ist im Gegenteil das Charakteristikum aller Aussagen und Theoreme der Ökonomie, von einer unerklärt vorausgesetzten Welt auszugehen. Welche Weltaspekte für den Ökonomen als die für seine Tätigkeit vorauszusetzenden Daten von Wichtigkeit sind, ergibt sich dabei aus den allgemeinen Handlungskategorien: Er beginnt seine Arbeit im Ausgang von vorausgesetzten Daten über Handlungsziele sowie über die Konstanz und Veränderung der subjektiven Bewertung bestimmter Ziele; über die konkreten, bei der Zielverfolgung verwendeten Mittel, und die im Zeitverlauf auftretenden Veränderungen in der Knappheit dieser Mittel; über die mit bestimmten Handlungen verbundenen subjektiven Kosten, und die Veränderung in subjektiven Kostenbewertungen; und schließlich über die durch bestimmte Handlungen erzielten, sich aus einem subjektiven Wertvergleich ergebenden, Verluste und/oder Profite.

Die Welt, von der der Ökonom – jedesmal mit unerklärt vorausgesetzten Daten der genannten Art(en) versorgt – ausgeht, kann dabei mehr oder weniger komplex sein: Es kann eine sogenannte Robinson-Ökonomie sein, in der man es nur mit den entsprechenden Daten (Werten, Mittel, Kosten usw.) für eine einzelne Person zu tun hat; es kann sich um eine Welt handeln, in der es einer Vielzahl von Handelnden wertvoll erscheint, zu kooperieren, und in der Güter ausgetauscht werden; es kann sich um eine Gesellschaft mit oder ohne indirekten Güteraustausch ermöglichende Austausch-Mittel (Geld) handeln; um eine mit oder ohne Monopole und Monopolpreise; in den den Ausgangspunkt ökonomischer Analysen bildenden Welten können die unterschiedlichsten Handlungen mit den diversesten Formen sozialer Sanktionen bedroht sein, und die Durchführung entsprechender Handlungen somit (sofern die entsprechenden Drohungen von den Handelnden wahrgenommen werden) mit Kosten verschiedenster Art belastet;[37] die Handlungswelten können durch kapitallose oder kapitalistische Produktion, d.i. durch Handlungen, die erst auf dem Umweg über Zwischenprodukte (Kapital) ihr eigentliches Ziel: Konsumgüter, erreichen, gekennzeichnet sein; Handlungsmittel können mehr oder weniger spezifisch sein, d.i. für weniger oder mehr unterscheidbare Ziele dienstbar gemacht worden; Produktionsmittel wie Endprodukte mögen beliebig oder nicht-beliebig teilbar sein; die Realisierung bestimmter Ziele mag die kombinierte Verausgabung weniger oder vieler, in einfacher oder komplexer Weise verbundener Mittel erfordern; usw., usw. –

Der reine Ökonomie-Theoretiker unterliegt bei derartigen Konstruktionen prinzipiell keinerlei Beschränkungen; nicht der Konstruktion an sich und ihrem Realitätsgehalt gilt ja sein Interesse – sie bildet lediglich den für seine Tätigkeit logisch notwendigen Ansatzpunkt – seine Aufgabe als aprioristischer Handlungstheoretiker ist vielmehr die Bestimmung der logischen Konsequenzen, die sich aus der Durchführung einer gegebenen Handlung im Rahmen solcher vorausgesetzten Konstruktionen für diese Konstruktionen selbst bzw. für deren Veränderung ergeben – gleichgültig, wie realistisch die Konstruktionen selbst auch immer sein mögen. – Erst indem realistische Konstruktionen als Ausgangspunkt der Arbeit gewählt werden, erlangen ökonomische Analysen freilich reale Bedeutung. M.a.W.: erst die Tatsache, daß die Konstruktion zugleich *Re*-Konstruktion faktisch mehr oder weniger häufig anzutreffender Datenkonstellationen ist, macht die Aussagen reiner Theorie – namentlich solche, die als Prognose formuliert sind – anwendbar.[38]

Selbst als an ausschließlich realistischen Konstruktionen bzw. anwendbaren Prognosen interessierter Wissenschaftler bleibt der Ökonom jedoch aprioristischer Handlungstheoretiker: zum einen kommt dies in der Tatsache zum Ausdruck, daß er zu hinsichtlich ihrer Validität eindeutig beurteilbaren Aussagen über Handlungsfolgen im Rahmen auch unrealistischer, ja, völlig unrealisierbarer Datenkonstellationen gelangen kann, wenn auch solchen Konstellationen verständlicherweise nicht seine eigentliche Neugier gelten mag; zum anderen findet sie darin Ausdruck, daß, entsprechend, auch Aussagen *mit* Anwendungsfällen hinsichtlich ihrer Geltung unabhängig sind vom Ausgang ihrer Anwendung im Bereich der Erfahrungswelt. In der Anwendung werden solche Aussagen keineswegs getestet. Das bedeutet zwar nicht, daß nicht aus der Anwendung für den Handlungstheoretiker wichtige Informationen folgen können: wie ein Mathematiker etwa durch bestimmte Erfahrungen (z.B. den Einsturz einer Brücke) u.U. erst auf Fehler in seinen statischen Berechnungen aufmerksam gemacht werden kann, so kann auch der Handlungstheoretiker möglicherweise erst durch seinen apodiktischen Aussagen deutlich widersprechende Beobachtungen auf logische Fehler in seinen eigenen Aussageableitungen stoßen.[39] Entscheidend ist jedoch, daß man diese Fehler – im einen wie im anderen Fall – im

Prinzip auch ohne derartige, zweifellos anregend wirkende Erfahrungen hätte jederzeit finden können, und daß auch die der Fehlerentdeckung folgenden, neuen Lösungsvorschläge im Prinzip die (unabhängig von allen weiteren, zukünftigen Erfahrungen) eindeutig und endgültig korrekte Lösung zu sein beanspruchen. Heuristisch kann also Erfahrung zweifellos auch für eine aprioristische Wissenschaft Bedeutung erlangen; Erfahrungen können ihre Aussagen strenggenommen aber weder bestätigen noch falsifizieren.[40] Die Beurteilung ihrer Validität ist grundsätzlich die Aufgabe reiner Vernunft. Auch im Ausgang von realistischen Konstruktionen folgt der Ökonom bei der Ableitung seiner Aussagen ausnahmslos nicht den Regeln empirischer Forschung, sondern – und dies macht den Status der Ökonomie als aprioristischer Wissenschaft aus – der Methode reiner logischer Analyse, u.d.i., er unterwirft sich dem sich als innere Notwendigkeit ‚reinen Denkens' ergebenden Zwang zum Gedankenexperiment. Auch und gerade der um Realismus bemühte Ökonom unterliegt diesem Zwang: Um die logischen Handlungsfolgen im Rahmen realistischer Datenkonstellationen, d.i. anwendbare Prognosen, ableiten zu können, erweist es sich nicht selten als denkerforderlich, kontrastierend Handeln unter solchen Voraussetzungen zu analysieren, die sich in wesentlichen Aspekten durch ihre offensichtliche Irrealität von der Situation, der das eigentliche Interesse gilt, unterscheiden.[41] Und ähnlich erweist es sich für das Verständnis von logischen Handlungsfolgen unter äußerst komplexen Datenkonstellationen häufig als notwendig, zunächst von abstrakt-einfachen Konstruktionen auszugehen, um das Bild erst nach und nach durch Einführung zusätzlicher Voraussetzungen schrittweise der realen Komplexität anzunähern.

V

Mit abstrakt-einfachen Konstruktionen beginnen auch die folgenden Analysen, um dann freilich, last but not least, auch ein unzweifelhaft realistisches: konkret-komplexes Beispiel zu betrachten: Nach den bisherigen, möglicherweise recht akademisch erscheinenden Ausführungen zur Logik der Ökonomie qua aprioristischer Wissenschaft, soll nunmehr, ehe diese Ausführungen letztendlich zu einem vollständigen Bild vom eigentümlichen Charakter der Wirtschaftswissenschaft abgerundet werden können, zunächst beispielhaft folgendes untersucht werden: Inwiefern ergeben sich im Ausgang von einer vorausgesetzten Wert(Ziel)-Mittel-Kosten-Gewinn (Verlust)-Welt von gegebenem Komplexitäts- und Realitätsgrad, aufgrund der Einführung einer gegebenen Handlung, Konsequenzen im Hinblick auf die Welt, die sich rein logisch – unabhängig davon, was immer der Handelnde selbst an Weltveränderung beabsichtigt haben mag – bestimmen lassen; oder, die Frageperspektive wechselnd, inwiefern kann ein Wandel in den Bestimmungen der vorausgesetzten Ziel-Mittel-Welten seinerseits, gleichgültig, ob dieser Wandel produziert ist oder sich naturwüchsig ergeben hat, logisch bestimmbare Konsequenzen für das Handeln unter so veränderten Voraussetzungen besitzen, Folgen, die unabhängig davon feststellbar sind, wie immer die Handelnden selbst unter den jeweiligen Datenkonstellationen handeln?

Der gleichsam analytische Teil der Antwort hierauf kann relativ unproblematisch und ganz eindeutig so formuliert werden: Da jede Handlung, wie sich aufgrund der oben rekonstruierten Handlungskategorien ergibt, Mittel verausgabt und, gegebenenfalls, selbst auch wieder (andere) Mittel herstellt (die dann für die Verfolgung weitergehender Ziele eingesetzt werden können), verändert sie naturgemäß die Wert-Mittel-Datenkonstellation, von der die Handlung vorausgesetztermaßen ausgeht – ob der Handelnde das selbst so einschätzt oder nicht; und ebenso selbstverständlich muß eine Veränderung in den Daten einer vorausgesetzten Ziel-Mittel-Welt Konsequenzen für Handeln haben, denn Ziele und Mittel sind ja gerade nicht an-sich-existierende Objekte, sondern nichts anderes als Kategorien des Handelns.

Es ist aber nicht der derart knapp bestimmbare analytische Antwortteil, der im Zusammenhang mit den gestellten Fragen in erster Linie von Interesse ist. Was im folgenden stattdessen versucht werden soll, ist, eine Antwort auf die Fragen dadurch zu geben, daß an einigen ausgewählten Beispielen konkret vorgeführt wird, wie solche Bestimmungen, die die Fragen als Problem ansprechen, in der Praxis vorgenommen werden. M.a.W.: Die Antwort soll darin bestehen, daß ökonomische Analysen qua logische Analysen, d.i. als Resultate reiner Denkprozesse exemplarisch dargestellt werden. Drei Beispiele – zwei davon, wie schon angedeutet, eher abstrakt-einfach, das dritte vergleichsweise komplex – sollen zu diesem Zweck mit einiger Ausführlichkeit diskutiert und analysiert werden. In allen drei Fällen handelt es sich um Theoreme, denen im System ökonomischen Wissens gemeinhin ein bedeutender Platz zuerkannt wird – wenngleich, das ergibt sich aus bereits Gesagtem, sie regelmäßig nicht als Theoreme einer aprioristischen Wissenschaft begriffen, sondern empiristisch mißverstanden werden: a) das Grenznutzentheorem bzw. das Gesetz vom abnehmenden Grenznutzen; b) das sogenannte Ertragsgesetz; und schließlich c), nach einer vorbereitenden Analyse des Agio-Zins-Theorems (time preference theory of interest), die monetaristische (österreichische) Theorie des Konjunkturzyklus.

Das Grenznutzentheorem ist ein Beispiel für eine Aussage, die die logischen Konsequenzen für Handeln konstatiert, die sich aus einer Veränderung in den Daten der Handlungswelt ergeben: Die Welt, die hier den Ausgangspunkt bildet, ist gekennzeichnet durch ein Angebot einer bestimmten Menge m eines bestimmten homogenen Gutes G; und der (einzige) Wandel, der eingeführt wird, besteht in einer Veränderung des Angebots an Handlungsmitteln um eine Einheit (wobei eine Einheit das ist, was als solche wahrgenommen wird). Das Grenznutzentheorem leitet ab, was eine solche Veränderung für jeden Handelnden, der mit ihr konfrontiert ist, logisch bedeutet. Die Analyse erstreckt sich dabei gleichermaßen auf den Fall, in dem sich ein Güterangebot von m auf m–1 vermindert, wie von m auf m+1 vermehrt. Es besagt: Wenn man bisher m Einheiten von G als Mittel zur Bedürfnisbefriedigung einsetzen konnte, und nun nur noch m–1, so bedeutet dies – den analytisch wahren Satz dabei voraussetzend, daß jeder immer und ausnahmslos das tut, was ihm unter den gegebenen Umständen subjektiv am wichtigsten erscheint s.o.S. 51) – daß man auf diejenige Verwendung einer Einheit von G verzichten muß, die man als die vergleichsweise unwichtigste bzw. die am wenigsten vordringliche betrachtet; und, umgekehrt, wenn das Angebot an G von m–1 auf m bzw. von m auf m+1 steigt, so heißt dies, daß der Mittelzuwachs verwendet werden kann zur Befriedigung desjenigen Bedürfnisses, das von den bis dahin (d.i. bei einem Angebot von m–1 bzw. m) unbefriedigt gebliebenen das wichtigste der durch zusätzliche Einheiten von G befriedigbaren Bedürfnisse ist, aber zugleich das unwichtigste der nun durch eine G-Einheit tatsächlich befriedigten, da man auf seine Befriedigung bei einem Rückgang hinsichtlich G um nur eine Einheit bereits wieder verzichten würde.

Nennt man nun diejenige Verwendung, der man eine einem gegebenen Vorrat von G hinzugefügte Einheit von G zuführen würde (aber nicht zuführen könnte, wenn G konstant bliebe) bzw. diejenige Verwendung, auf die man bei einer Vorratsreduktion um eine Einheit von G verzichten müßte (aber nicht tatsächlich verzichten muß, wenn G unreduziert, konstant bliebe), die Grenznutzung (marginal employment), und die aus ihr abgeleitete subjektive Wertschätzung den Grenznutzen (marginal utility), so ergibt sich aus den bereits konstatierten begrifflichen Zusammenhängen unmittelbar das Gesetz vom abnehmenden Grenznutzen. Es besagt: Für jedes homogene Gut G gilt, daß jede zusätzliche Einheit, die einer gegebenen Menge m von G hinzugefügt wird, immer nur einen Grenznutzen stiften kann, der niedriger ist als der Grenznutzen, den eine Einheit von G produzieren kann, wenn das entsprechende Angebot bezüglich G um eine Einheit geringer wäre; denn jede zusätzliche Einheit kann immer nur zur Befriedigung eines solchen Bedürfnisses verwendet werden, dessen Befriedigung subjektiv weniger dringend ist als die Befriedigung selbst des unwichtigsten derjenigen Bedürfnisse, die eine G-Einheit bei einem unvermehrt gebliebenen Angebot zu befriedigen vermag, derart, daß man auf die Befriedigung des ersteren, nicht aber auf die des letzteren verzichtete, würde eine entsprechende Angebotserhöhung nicht stattfinden oder wieder rückgängig gemacht werden.

Dies Gesetz ist ersichtlich, wie auch Mises in entsprechendem Zusammenhang feststellt[42], analytisch wahr. Die Aussage ist, wie er sagt, „formal and aprioristic and does not depend on any experience"; mit Psychologie o.ä. hat sie nichts zu tun, und ein Psychologe, der glaubte, sie einer empirischen Überprüfung unterziehen zu müssen und können, könnte sich dabei allenfalls lächerlich machen: Während der Gesamtnutzen (total utility), den eine gegebene Menge eines beliebigen Gutes erzeugen kann, mit jeder zusätzlichen Einheit dieses Gutes durchaus steigen kann – und zwar genau solange, solange eine zusätzliche Einheit noch einen positiven Grenznutzen für den Handelnden besitzt[43] – sinkt, dies ist das Resultat rein logischer Analyse, immer dann, wenn sich das Angebot eines Gutes um eine Einheit vermehrt, notwendig der Grenznutzen, den diese (letzte) Einheit für den Handelnden erbringen kann.[44]

Das Grenznutzentheorem ist ganz entschieden kein empirisches Gesetz des Handelns, vor allem: es kann auch nicht in ein solches uminterpretiert werden, denn das Konzept derartiger Gesetze ist logisch, wie gezeigt, widersprüchlich.

Gleichwohl ist eine solche empiristische Deutung, die also nicht nur eine einfache Fehlinterpretation darstellt, die Unkenntnis hinsichtlich der Klassiker der subjektiven Werttheorie verrät, die vielmehr eine logisch unzulässige (Fehl-)Interpretation ist, im Zuge der Durchsetzung einer naiven empiristischen Wissenschaftsphilosophie auch bei Ökonomen nahezu zur Regel geworden. Samuelson, als höchst repräsentatives Beispiel, gibt dem Gesetz beispielsweise folgende Fassung: „As you consume more of the same good, your total (psychological) utility increases. However, let us use the term marginal utility to refer to ‚the extra utility added by one extra last unit of a good'. Then, with successive new units of the good, your total utility will grow at a slower and slower rate because of a fundamental tendency for your psychological ability to appreciate more of the good to become less keen. This fact, that increments in total utility fall of, economists describe as follows: As the amount consumed of a good increases the marginal utility of the good (or the extra utility added by its last unit) tends to decrease."[45] – Unsere Behauptung, daß diese Aussage das Gesetz vom abnehmenden Grenznutzen als empirisches Gesetz präsentiert, muß vermutlich nicht weiter begründet werden: daß man mit erweitertem Angebot ‚less keen' werde, und, vor allem, daß man, wie der letzte Satz ausführt, dazu nur ‚tendiere' – dies belegt unsere These überdeutlich.

Beide Deutungen, die man dem so formulierten Gesetz nun geben kann, sind freilich in der charakterisierten doppelten Weise unakzeptabel. Betrachtet man zunächst diejenige Interpretation, derzufolge der abnehmende Grenznutzen sich als solcher im Rahmen psychologischer Tests, die Nutzenmessungen zum Gegenstand haben, äußern soll:[46] Eine Fehlinterpretation stellt sie insofern dar, als Nutzen bzw. Wert der subjektiven Wertlehre zufolge, in deren Rahmen das Grenznutzentheorem entwickelt wurde, keine meßbare (Intervall-)Variable darstellt.[47] Weder interpersonelle Nutzenvergleiche kann es darum geben, noch intrapersonelle (über Zeitdifferenzen hinweg vorgenommene). Abnehmender Grenznutzen kann sich demgemäß gar nicht als meß- bzw. quantifizierbares (psychologisches) Phänomen äußern und das Grenznutzentheorem demzufolge auch prinzipiell nicht als Gesetz abnehmender Zufriedenheitsgrade o.ä. verstanden werden.[48] Wert (Nutzen) ist der subjektivistischen Theorie zufolge überhaupt kein psychologisches Phänomen (jedenfalls nicht mehr ‚psychologisch', als auch etwa die Kategorien der Logik psychologisch sind), sondern eine Interpretationskategorie (mit ordinalem Charakter) für Handlungen: genauso, wie man erst mit der Verwendung der dichotomischen logischen Kategorien ‚ist' bzw. ‚ist-nicht' so etwas wie ‚Fakten' konstituiert (d.i. etwas als Faktum interpretieren kann), so konstituiert man erst aufgrund der Ordinal-Kategorie ‚Wert' etwas (was sonst nur Bewegung oder auch Stillstand ist) als eine als Einheit zu begreifende Handlung mit Zielen, die gegenüber anderen Zielen präferiert werden. Abgesehen von *dieser* Existenz als eines logisch notwendigen Instruments zur Konstituierung von Handlungen qua Handlungen besitzen Werte für die subjektivistische Wertlehre keine Existenz.

Aber damit nicht genug: Selbst wenn man diese (Fehl-)Interpretation als eine mit eigenem Recht ausgestattete Deutung akzeptieren wollte, es wäre dies nicht einmal logisch zulässig. Sofern sich die Aussage bezüglich abnehmender Zufriedenheitsgrade auf lernende Objekte bezieht, kann sie, wie ausführlich demonstriert, nicht als ,normale' bedingte Prognose gelten, die einer Bestätigung wie auch einer Falsifikation fähig ist, sondern müßte als Prognose vom Typ einer self-fulfilling oder -destroying prophecy aufgefaßt werden, d.i. als Prognose, auf die die Testpersonen selbst in prinzipiell unvoraussagbarer Weise reagieren können.[49] Ein derartiger Test kann also aus rein logischen Gründen niemals ein Test eines empirischen (psychologischen) Gesetzes sein, sondern ermittelt werden grundsätzlich immer nur Daten der Vergangenheit.

Ganz entsprechend sieht die Zurückweisung der zweiten denkbaren Interpretation des empirisch formulierten Grenznutzentheorems aus, derzufolge sich ein abnehmender Grenznutzen – gleichsam behavioristisch – darin ausdrückt, daß zunehmend geringer werdende Beträge irgendwelcher Vergleichsgüter ausgetauscht werden. Wiederum handelte es sich um eine Fehlinterpretation der subjektivistischen Wertlehre, insofern als auch hierbei von einer objektiven Wert-Meßbarkeit (hier: in Einheiten als objektiver Maßstab geltender Vergleichsgüter) ausgegangen wird, während es für den Subjektivismus (für den doch ,Wert' allein die gerade erläuterte Bedeutung einer logischen Interpretationskategorie besitzt, dergemäß er Ausdruck ausschließlich in Handlungen qua Wahlhandlungen findet und abgesehen davon, d.i. von in Handlungen manifest werdenden Präferenzen, keinerlei Existenz besitzt) ein völlig normaler und mit dem Grenznutzentheorem vereinbarer Tatbestand ist, wenn mit dem Anwachsen der Einheiten eines bestimmten Gutes A *beliebige*(!) Veränderungen in den Austauschrelationen von A-Einheiten zu Einheiten beliebiger anderer Güter, etwa eines Gutes B auftreten: Sollte beispielsweise bei einem Angebot von n Einheiten von A eine Einheit von A ausgetauscht werden gegen vier Einheiten von B (und also vier B gegenüber einem A präferiert werden), bei einem Angebot von n+1 Einheiten A aber nur noch für sechs B – ein Ereignis, das mit der Aussage des Grenznutzentheorems in der zweiten empiristischen Fassung im Widerspruch stehen würde – es wäre auch dies (wie jede andere Veränderung) ein normaler, für die subjektivistische Wertlehre selbst konsequenzenloser Vorgang.[50] Er bedeutete nicht mehr, als daß sich der sich in (Austausch-)Handlungen manifestierende Wert von A-Einheiten gegenüber B-Einheiten – unabhängig von der Angebotsvermehrung hinsichtlich A – vermehrt hat, während sich ungeachtet dessen im Übergang von n zu n+1 angebotenen A-Einheiten notwendig ein Rückgang im Grenznutzen einer A-Einheit ergeben hat, insofern, als die zusätzliche Einheit nur zur Beseitigung eines solchen Unbefriedigtseins verwendet werden kann, das weniger bedrängend ist, als alle diejenigen Bedürfnisse, die bei einem verknappten Angebot von n A als durch eine A-Einheit tatsächlich befriedigenswert erscheinen.

Und wiederum auch wäre eine solche Interpretation nicht nur als Interpretation falsch, sondern darüber hinaus logisch unerlaubt, da das Konzept konstanter Gesetzmäßigkeiten, auf einen Objektbereich lernender Personen bezogen, logisch widersprüchlich ist: Wenn man lernen kann, und Lernergebnisse unvoraussagbar sind (d.i. nur rekonstruiert werden können), dann ist auch unvoraussagbar, ob und wenn ja in welcher Weise sich Veränderungen im Wissen darüber, zu welchen Zwecken (Zielen) welche Mittel (Güter) eingesetzt werden können bzw. darüber, welche

Änderungen sich hinsichtlich des Angebots welcher Mittel ergeben haben oder ergeben werden,[51] auf die relative Bewertung verschiedener Güter zueinander auswirken. Ein empirisches Gesetz des abnehmenden Grenznutzens vom oben angegebenen Typ kann es aus unabweisbaren logischen Gründen nicht geben.

Das Grenznutzentheorem ist und kann nur sein: eine reine Verstandeswahrheit. Eine hypothetische Gesetzesaussage darüber, in welcher Weise Handelnde auf ein vermehrtes oder vermindertes Güterangebot tatsächlich reagieren – sei es im Rahmen testmäßig durchgeführter Güterbewertungen, sei es im Rahmen des alltäglichen bewertenden Umgangs mit solchen Gütern – ist nicht ohne eine Verwicklung in logische Widersprüche möglich. Nur darüber ist eine Aussage zulässig, welches die *logischen* Konsequenzen sind, die sich für Handelnde aus der Tatsache einer Gütervermehrung (-verminderung) ergeben. Sie werden im Grenznutzentheorem entfaltet. Als praxeologisches Theorem mag seine Aussage trivial anmuten – aber Ziel unserer Ausführungen ist es im Augenblick auch noch nicht, ein komplexes praxeologisches Theorem zu entwickeln, sondern vielmehr erst einmal die Struktur solcher Theoreme überhaupt zu exemplifizieren. Daß im Rahmen aprioristischer Aussagensysteme – und das gilt für die Ökonomie nicht weniger als für die Logik – die Analyseergebnisse nicht komplexer sein können, als es der Komplexitätsgrad der vorausgesetzten Datenkonstellation bzw. Datenkonstellationsänderung gebietet, sollte sich im übrigen von selbst verstehen; in jedem Fall stellen sie ja nicht mehr dar, als die Entfaltung aller in den Voraussetzungen bereits enthaltenen begrifflichen Implikationen (und auch: Nicht-Implikationen). Es ist somit nur selbstverständlich, daß das Gesetz vom abnehmenden Grenznutzen nicht weniger einfach und abstrakt sein kann, als sein Bezugspunkt: eine einfache Gütervermehrung (-verminderung). – Wie immer dem jedoch auch sei: daß für den Fall einer solchen einfachen Gütervermehrung eben nicht mehr an handlungswissenschaftlicher Prognose legitimerweise gewagt werden kann, als das, was vom Grenznutzentheorem zum Ausdruck gebracht wird, dies vor allem sollte als nicht-triviales Ergebnis der bisherigen Ausführungen nicht aus dem Auge verloren werden – wie trivial auch immer das Grenznutzentheorem selbst sein mag, mehr läßt sich prinzipiell nicht sagen über die Konsequenzen, die eine Angebotsveränderung von homogenen Gütern für Handeln hat.

VI

Auch das zweite zu betrachtende Beispiel eines Theorems reiner ökonomischer Theorie kann sicher noch als einfach gelten – einfach wiederum nur deshalb freilich, weil auch hier wieder die den Ausgangspunkt der Analyse bildende Datenkonstellation selbst einfach ist. Dennoch wird, so glauben wir, schon die Erörterung dieses zweiten Beispiels einen Begriff davon vermitteln, daß selbst die praxeologischen Konsequenzen einfacher vorausgesetzter Handlungswelt-Konstellationen keineswegs so selbstevident sein müssen, wie es im Fall des Grenznutzentheorems möglicherweise den Anschein hatte. Das Ertragsgesetz (law of returns; oft auch, wie zu zeigen sein wird: eher irreführend, law of diminishing returns genannt) macht eine Aussage über die logischen Konsequenzen für Handeln, die sich daraus ergeben, daß, um ein bestimmtes Ziel zu erreichen, nicht nur ein Mittel eingesetzt werden muß, sondern zwei (oder mehrere) in Kombination. So, wie das Grenznutzentheorem die Frage beantwortet: was sind die logischen Konsequenzen für einen (jeden) Handelnden, die sich aus einer Gütervermehrung (-verminderung) ergeben?, so beantwortet das Ertragsgesetz die Frage: was sind die logischen Konsequenzen für einen (jeden) Handelnden, wenn er mehr als ein Gut einsetzen muß, um ein gegebenes Ziel realisieren zu können? Ob es dabei überhaupt mehr als ein homogenes Gut gibt, und ob für Handelnde überhaupt Ziele existieren, für deren Realisierung die kombinierte Verausgabung mehrerer Güter erforderlich ist (und wenn ja, die welcher konkreten Güter für welche konkreten Ziele), ist nicht Thema des Ertragsgesetzes. Zwar ist die Annahme solcher Ziele zweifellos eine realistische Annahme (bei der Verfolgung nahezu aller unserer Ziele ist sie gegeben), für das Ertragsgesetz ist sie aber der unerklärt vorausgesetzte Ausgangspunkt der Analyse. Genauso, wie das Grenznutzentheorem Veränderungen in der Versorgungslage bezüglich homogener Güter voraussetzt, aber keinesfalls erklärt, und auch nicht erklärt, welche faktischen Handlungskonsequenzen eine veränderte Versorgungslage auslöst, sondern nur expliziert, was diese logisch für jeden Handelnden bedeutet, gleichgültig, ob es Veränderungen in der Vorsorgungslage in der Realität tatsächlich gibt oder nicht, und gleichgültig, wie die faktischen Reaktionen darauf aussehen mögen, so erklärt auch das Ertragsgesetz nicht, wann bzw. warum man welche Mittel in welcher Weise faktisch kombiniert, um welche Ziele zu realisieren, sondern man setzt Ziele, die eine kombinierte Mittelverausgabung voraussetzen, voraus, und expliziert, was Zielverfolgung unter dieser Voraussetzung bedeutet, gleichgültig, was immer das konkrete Ziel sein mag, und gleichgültig, welche Mittel dabei in welcher Weise faktisch kombiniert werden.

Das Ertragsgesetz trifft folgende Aussage:[52] Wenn immer mehrere Mittel (Güter, Produktionsfaktoren) eingesetzt werden müssen, um ein bestimmtes Ergebnis (Handlungsziel) zu realisieren, so gibt es für die Mittelkombination ein *optimales Kombinationsverhältnis.* Dies optimale Kombinationsverhältnis bestimmt sich z.B. für zwei Produktionsfaktoren F_1 und F_2 und ein gegebenes Ziel Z experimentell auf die Weise, daß bei einer gegebenen Inputmenge f_1 von F_1 diejenige Inputmenge f_2 von F_2 ermittelt wird, die das Output/Input-Verhältnis z/f_2 optimiert:[53] entsprechend würde mit konstantgehaltenem f_2-Wert bei der Ermittlung des optimalen f_1-Werts verfahren, woraus sich gleichfalls das optimale f_1/f_2-Verhältnis im Hinblick auf die Realisierung von Z ergibt. Nur ein solches optimales Kombinationsverhältnis gewährleistet, daß keine Verschwendung der produktiven Kapazitäten der Produktionsfaktoren bezüglich der Zielerreichung vorliegt; umgekehrt bedeutet jede Abweichung von diesem Verhältnis eine Vergeudung eines Teils dieser Kapazität derart, daß die Erhöhung der Inputmenge eines Faktors über seinen optimalen Wert – bei Konstanthaltung der übrigen Faktoren auf ihren Optimalwerten – entweder dazu führt, daß der Output überhaupt nicht mehr steigt, oder aber jedenfalls nicht mehr im gleichen Verhältnis wie der zusätzliche Input. (Eine Zunahme von f_2 über den Optimalwert, bei einem auf seinen Optimalwert fixierten f_1, würde zu einem suboptimalen z/f_2-Verhältnis führen.)

Nur dies: *daß* es ein so bestimm- und charakterisierbares Mittel-Kombinationsverhältnis für alle die Ziele gibt, die nur bei einer kombinierten Verausgabung mehrerer Mittel überhaupt realisiert werden können, behauptet das Ertragsgesetz. Jede Handlung, die derartige Ziele verfolgt, muß, so die Aussage, die entsprechenden Mittel entweder optimal oder suboptimal kombiniert einsetzen bzw. eingesetzt haben. Die Gültigkeit dessen läßt sich, wie angedeutet, als logische Implikation allein aus der Tatsache ableiten, daß es tatsächlich der kombinierten Verausgabung von mehr als einem (knappen) Mittel bedarf, um das entsprechende Ziel realisieren zu können. Der Nachweis hierfür gelingt auf dem Weg über den, daß es nur dann *kein* optimales Kombinationsverhältnis der kombinierten Produktionsfaktoren geben kann, wenn es sich bei einem dieser Faktoren tatsächlich *nicht* um ein ökonomisches Gut handelt, vielmehr, in genauerer positiver Bestimmung, nur dann, wenn ein Mittel nicht einmal die *notwendige* Voraussetzung für die Bestimmung eines Gutes als ökonomisches Gut besitzt, derart, daß es, selbst wenn es zu einem gegebenen Zeitpunkt ein ‚freies' Gut wäre, aufgrund von Verknappungen zu einem ökonomischen Gut auch nicht werden *könnte.*[54]

Entsprechend beginnt der Nachweis mit der Explikation dessen, was als diese notwendige Voraussetzung zu gelten hat. Sie besteht darin, daß von einem Faktor im Verlauf des Produktionsprozesses (d.i. der handelnden Zielrealisierung) etwas aufgebraucht werden muß, so daß ein bestimmter Output einem bestimmten Input zugeordnet werden kann, und also eine definitive Input/Output-Relation besteht. Umgekehrt: würde von einem Faktor in der Produktion nichts aufgebraucht, und gäbe es dementsprechend für ihn keine definitive Input/Output-Relation, da er doch – sofern er nur überhaupt existiert – nicht nur selbst unerschöpflich wäre, sondern auch, soweit die Zielerreichung von seinem Einsatz abhängt, zur Produktion unbeschränkter Mengen der Zielvariablen in der Lage – so fehlte diesem Faktor die notwendige Voraussetzung dafür, ein ökonomisches Gut sein zu können oder werden zu können. Niemals müßte ein Handelnder mit einem derartigen Faktor haushalten; seine Verwendung verursachte prinzipiell keinerlei Kosten, da er nicht verausgabt wird, und sein Einsatz zu einem Zweck die zu einem anderen nicht ausschließen würde; und er besitzt auch, einmal gegeben, für den Handelnden keinen Wert, da er unerschöpflich und unzerstörbar ist, und der Handelnde darum nie in die Lage gelangen kann, zwischen der Verfügung über ihn und der über irgendetwas anderes wählen zu müssen. – (Das ‚Wissen', wie man ein bestimmtes Ziel erreichen kann, ist ein derartiger prinzipiell nicht-ökonomischer Produktionsfaktor: er wird, einmal besessen, im Produktionsprozeß nicht aufgebraucht, und kann im Hinblick auf die Zielerreichung beliebig oft eingesetzt werden: „The formula, the recipe that teaches us how to prepare coffee, provided it is known, renders unlimited services. It does not lose anything from its capacity to produce, however often it is used; its productive power is inexhaustible; it is therefore not an economic good."[55])

Wird nun ein solcher prinzipiell nicht-ökonomischer Produktionsfaktor zusammen mit einem ökonomischen eingesetzt – und müssen sie beide eingesetzt werden, um eine bestimmte Zielgröße realisieren zu können – so kann sich ein optimales Kombinationsverhältnis zwischen ihnen aus folgendem Grund *nicht* ergeben: Da der nicht-ökonomische Produktionsfaktor, einmal gegeben, unbegrenzte Produktivkraft im Hinblick auf das Ziel besitzt, kann die definitive Outputmenge ausschließlich von der eingesetzten definitiven Inputmenge des ökonomischen Produktionsfaktors abhängen. Oder anders: *jede* Outputmenge läßt sich allein aufgrund der Variation hinsichtlich der Inputmenge des ökonomischen Faktors erzeugen (vorausgesetzt, der nicht-ökonomische Faktor ist überhaupt existent, und das Angebot hinsichtlich des ökonomischen entsprechend groß) – und es *kann* keine Outputmenge geben, die nicht allein durch Variation nur dieses einen Faktors realisiert werden könnte, weil der andere, nicht-ökonomische Produktionsfaktor nicht variierbar ist, sondern als Faktor von unverbrauchbarer Produktionskapazität eine immergleiche, konstante Wirksamkeit entfaltet, gleichgültig wieviele Inputeinheiten des ökonomischen Faktors im Produktionsprozeß aufgebraucht werden; es ist m.a.W. unmöglich, daß eine Variation des nicht-ökonomischen Faktors (eine Zu- oder Abnahme der Inputmenge), bei konstantgehaltenem Input des ökonomischen Faktors, irgend etwas an der Outputmenge ändert, weil ein im Produktionsprozeß unverbrauchbarer Faktor, einmal vorhanden, nicht vermehrt oder vermindert werden kann, sondern unerschöpflich ist und bleibt.

Gerade die Existenz von Outputmengen jedoch, die nicht allein durch Variation der Inputmenge eines Faktors realisiert werden können, sondern die die gleichzeitige Variation des Inputs des anderen verlangen, ist das Kennzeichen eines optimalen Kombinationsverhältnisses. Für das Verhältnis ökonomischer/nicht-ökonomischer Produktionsfaktoren kann es dies Optimum nicht geben, weil unerschöpfliche Faktoren hinsichtlich ihrer Inputmenge naturgemäß unvariierbar sind und somit die Variabilität der Outputmenge allein der Variabilität der Inputmenge ökonomischer Faktoren zuzuschreiben sein kann; umgekehrt muß aber, und das galt es zu zeigen, ein solches Optimum dann notwendigerweise existieren, wenn die kombinierten Faktoren, wie bei ökonomischen Faktoren immer der Fall, beide in definitiven Beträgen im Produktionsprozeß aufgebraucht werden und sich die Inputmengen somit in doppelter Weise gegeneinander variieren lassen: dann, wenn es zur Produktion einer bestimmten Zielgröße des kombinierten Einsatzes mehrerer Faktoren bedarf *und* diese Faktoren nicht unerschöpflich sind, sondern im Verlauf der Produktion betragweise aufgebraucht werden, dann ist es logisch ausgeschlossen, daß sich jede Outputmenge allein durch eine Erhöhung der Inputmenge nur eines Faktors realisieren läßt – es muß ein optimales Kombinationsverhältnis geben, von dem man ohne eine Verschwendung produktiver Ressourcen nicht abweichen kann.

Die erfahrungsunabhängige, d.i. aprioristische Validität des Ertragsgesetzes ist damit demonstriert: die Aussage, daß es für im Produktionsprozeß zwecks Zielerreichung kombinierte Mittel ein optimales Kombinationsverhältnis gibt (und geben muß), folgt logisch aus der vorausgesetzten Annahme, daß es sich bei den kombinierten Mitteln um solche handelt, die die notwendige Voraussetzung dafür erfüllen, um als ökonomisches Gut in Frage kommen zu können. – Und als logische Wahrheit läßt sich dann auch folgendes konstatieren: Wenn es eine Optimumkombination gibt, dann muß es in dem Bereich des Übergangs von einem Faktorkombinationsverhältnis zu einem anderen, der sich (bei einem konstantgehaltenen und einem variierten Faktor) als *Annäherung* an das Optimumverhältnis charakterisieren läßt, die Erscheinung dessen geben, was das Gesetz vom zunehmenden Ertrag zum Gegenstand seiner Aussage macht – die Erscheinung, daß, verglichen mit der Wachstumsrate des variablen Inputfaktors, überproportionale Wachstumsraten hinsichtlich der Outputmenge erzielbar sind; und umgekehrt muß im Bereich zunehmender *Entfernung* vom Optimumverhältnis das gelten, worauf sich die Aussage des Gesetzes vom abnehmenden Ertrag bezieht – unterproportionale Zunahme der Outputmenge verglichen mit der durch zusätzliche Einheiten des variablen Faktors herbeigeführten Wachstumsrate des Inputs, und schließlich einen Punkt, jenseits dessen zusätzliche Einheiten des variablen Faktors *ohne* eine gleichzeitige Inputvermehrung des konstantgehaltenen Faktors *keine* Erhöhung der Outputmenge mehr erzielen.[56] – Als isolierte Aussagen jeweils falsch oder zumindest irreführend verkürzt, ergeben sich somit die Gesetze vom zunehmenden bzw. abnehmenden Ertrag als *Teil*wahrheiten eines ihnen zugrundeliegenden allgemeinen Ertragsgesetzes; aufgrund eines korrekt formulierten Ertragsgesetzes und seiner aprioristischen Geltung werden sie beide als wahr innerhalb jeweils logisch exakt bestimmbarer und voneinander abgrenzbarer Bereiche erwiesen – gleichsam als die zwei Seiten ein- und derselben Medaille.

Das Ertragsgesetz und die von ihm als Teilwahrheiten implizierten Gesetze vom zunehmenden bzw. abnehmenden Ertrag sind in Anbetracht dessen ganz entschieden *nicht* als Gesetze der Technologie aufzufassen. Im Unterschied zu solchen Gesetzen ist ihre Geltung von Erfahrung unabhängig; sie stellen aprioristische Wahrheiten dar und sind also praxeologische Gesetze, die als solche mit den konkreten technologischen, naturwissenschaftlichen oder arbeitswissenschaftlichen Aspekten der Produktion sowenig (oder soviel) zu tun haben, wie etwa Logik mit Psychologie. So freilich, wie z.B. das Grenznutzentheorem auch festlegt, worüber sich aprioristische Aussagen über die Konsequenzen von Gütervermehrungen *nicht* machen lassen, und was daher in den Gegenstandsbereich einer rekonstruierenden empirischen Sozial- bzw. Handlungswissenschaft fällt, so macht das Ertragsgesetz als praxeologisches Theorem implizit auch exakte Angaben darüber, welche Fragen im Zusammenhang mit ihm nur aufgrund aposteriorischer Erfahrung entschieden bzw. beantwortet werden können und daher in den Gegenstandsbereich (diesmal nicht der empirischen Handlungswissenschaft, sondern den) der i.w.S. empirischen Produktionstechnologie fallen. Offensichtlich gehören hierzu die durch das Ertragsgesetz selbst unbeantwortet gebliebenen Fragen: Wo liegt das jeweilige Optimumverhältnis für jeweils konkret gegebene, im Produktionsprozeß zu kombinierende Güter? Wie, konkret, sieht der Kurvenverlauf aus, der für bestimmte kombinierte Faktoren die Veränderung der Outputmenge in Abhängigkeit von Veränderungen des Inputs des variierten Faktors für den Bereich der Annäherung an die Optimumkombination anzeigt? Wie sieht er aus für den Bereich zunehmender Entfernung von diesem Optimum, und wo liegt der Punkt, von dem an eine Veränderung allein des variierten Faktors, ohne gleichzeitige Veränderung des (der) konstantgehaltenen, keine Veränderungen hinsichtlich der Outputmenge mehr bewirkt? – Antworten hierauf kann nur die nicht-aprioristische Erfahrung der Produktionstechnologie liefern.

Das Ertragsgesetz selbst ist aber erfahrungsunabhängig gültig – und wenn man es gleichwohl, irregeführt durch eine empiristische Wissenschaftsideologie, die die Wirtschaftswissenschaften gegenwärtig in ihrem Selbstbild so vollständig dominiert, für ein hinsichtlich seiner Geltung von empirischen Erfahrungen abhängiges Gesetz der Produktionstechnologie hält, so ist eine solche Überzeugung so falsch, wie sie nur sein kann: Wenn z.B. Samuelson (einmal mehr als repräsentatives Beispiel empiristisch fehlgeleiteter Ökomomen angeführt) schreibt, das law of diminishing returns sei ein ‚fundamentales technologisches Gesetz';[57] wenn er ihm dann folgende, verglichen mit der korrekten Fassung durchaus ungenaue Formulierung gibt: „an increase in some inputs relative to other fixed inputs will, in a given state of technology, cause total output to increase; but after a point the extra output resulting from the same additions of extra inputs is likely to become less and less. This falling off of extra returns is a consequence of the fact that the new ‚doses' of the varying resources have less and less of the fixed resources to work with";[58] und wenn er aus dem Kontext seiner Ausführungen – mehr noch als aus der zitierten Formulierung selbst bereits – mit unzweifelhafter Deutlichkeit hervorgehen läßt, daß dies Gesetz seiner Auffassung zufolge ein empirisches Gesetz mit allen Charakteristika empirischer Gesetze sei, so kann eine solche Haltung nicht anders als in folgender Weise eingestuft werden: Sie ist analog der Haltung dessen (und entspricht ihr hinsichtlich ihrer Nicht-Rationalität), der nicht erkennt, daß Theoreme der Mathematik und Logik, entsprechend formuliert, einer nicht-empirischen Begründung fähig sind, und der stattdessen versucht, etwa einen in eine empiristische Sprache übersetzten Pythagoras ausschließlich empirisch zu begründen. Hinsichtlich des Ertragsgesetzes mag ein solcher Irrtum psychologisch gesehen verständlicher sein als ein entsprechender Irrtum in Bezug auf den Pythagoras – erkenntnislogisch betrachtet handelt es sich in beiden Fällen um einen Irrtum vom gleichen Typ.

VII

Mit einem ganz ähnlichen Ergebnis wird auch die Diskussion des dritten, komplexeren Beispiels reiner ökonomischer Theorie enden: Aus der Darstellung der Grundstruktur der reinen (logischen) Theorie des Konjunkturzyklus wird sich ergeben, inwiefern monetaristische Theoretiker wie M. Friedman einem erkenntnislogischen Selbstmißverständnis unterliegen, das einmal zu bedeutsamen Ungenauigkeiten in der Formulierung der Theorie führt, und zum anderen zu nicht-theoriefähigen Scheinpräzisierungen, wenn sie ihre Konjunkturtheorie als eine empirische, umfänglicher statistisch-ökonometrischer Überprüfungen bedürftige Theorie begreifen.

Eine empirische Theorie des Konjunkturzyklus kann es aus oben im Detail dargestellten Gründen prinzipieller, logischer Natur nicht geben. Nicht nur eine entsprechende monetaristische Theorie[59] ist a priori unhaltbar; jede empirische Theorie ist es[60] – sei es eine der sogenannten exogenen Ursachentheorien wie etwa W.St. Jevons Sonnenfleckentheorie,[61] Theorien der Investorpsychologie à la Keynes,[62] oder Schumpetersche Innovationsschubtheorien,[63] sei es eine der sogenannten endogenen Ursachentheorien wie etwa marxistische oder marxistisch inspirierte Unterkonsumptions- und/oder Disproportionalitätstheorien,[64] oder sei es irgendeine Synthese aus diesen und anderen Theorien wie Eklektizismen à la Samuelson.[65] Die Konzeption nur durch Erfahrung falsifizierbarer Hypothesen bezüglich konstanter Relationen zwischen bestimmten Ursachevariablen auf der einen Seite, und dem Phänomen des Konjunkturzyklus auf der anderen, ist in sich widersprüchlich – gleichgültig, was auch immer in diesem Zusammenhang als Ursachenkomplex ins Auge gefaßt wird. Da der Konjunkturzyklus unbestreitbarermaßen durch Handeln bzw. Handelnde erzeugt ist – er ist genaugenommen ein sich nach einem bestimmten Ablaufschema veränderndes Muster, das sich in der Vielzahl individueller Handlungen als dominierendes allgemeines Handlungsmuster erkennen läßt – und die Handelnden ihrerseits in prinzipiell unvoraussagbarer Weise lernen können (natürlich auch hinsichtlich vermeintlicher Handlungsgesetze), so stellt die Vorstellung einer empirisch-kausalwissenschaftlichen Konjunkturtheorie, aus der sich (ex ante) bedingte Prognosen ableiten lassen, eine logische Absurdität dar: Prognosen können logisch widerspruchsfrei *nur* als Prognosen vom Typ einer self-fulfilling oder -destroying prophecy aufgefaßt werden, und die entsprechenden Theorien sind grundsätzlich nicht mehr als historische Erfahrungen über mit dem Phänomen des Konjunkturzyklus in kontingenter Weise assoziierte Datenkonstellationen. Physikalische oder politisch-soziale Ereignisse, massenpsychologische Phänomene, intersektorale Entwicklungsdisproportionalitäten, Bevölkerungsbewegungen, oder was immer sonst – sie alle mögen ex post als Datenkonstellationen rekonstruierbar sein, die mit dem Phänomen eines konjunkturellen Zyklus assoziiert waren und/oder von den Handelnden selbst als Grund für ein allgemeines, zyklisch wechselndes Handlungsmuster angegeben werden: sie erklären den Konjunkturzyklus aber nicht bzw. machen ihn nicht prognostizierbar. Eine Erklärung (Prognose) desselben qua Erklärung eines zyklisch variierenden allgemeinen *Handlungs*musters kann ausschließlich eine logische Erklärung sein. M.a.W., die Theorie des Konjunkturzyklus muß denselben als logisches Resultat einer bestimmten, vorausgesetzten Handlungswelt begreifbar machen, als Phänomen, dessen Auftreten logisch impliziert ist in den begrifflichen Bestimmungen einer vorausgesetzten Konstellation von Daten, welche sich im übrigen, da auch das zu erklärende Phänomen unstrittigerweise ‚real' ist, ihrerseits als ‚realistische' Konstruktion charakterisieren lassen muß. Nur qua praxeologische Theorie gestattet sie die Ableitung von Aussagen, die sich *nicht* von vornherein – wegen der in ihren Ergebnissen prinzipiell unvoraussagbaren Lernfähigkeit der Handelnden, deren allgemeines Handlungsmuster die Aussage zum Gegenstand hat – nur (und nur) als solche über inkonstante, kontingente historische Fakten interpretieren lassen (mithin nicht als bedingte Prognosen im eigentlichen Sinn des Wortes), die vielmehr in der Tat als echte Voraussagen (mit dann freilich apodiktischem Geltungsanspruch) betrachtet werden können: nur praxeologische Relationen kann man nämlich entdecken, aber lernend grundsätzlich nicht überholen und somit zu historisch variablen Gegebenheiten relativieren – lernend überholen kann man im Zusammenhang mit dem Konjunkturphänomen nicht die Geltung des praxeologischen Konjunkturtheorems, sondern ausschließlich das Auftreten derjenigen Datenkonstellation, die, wenn sie erst einmal real besteht, dann mit logischer Notwendigkeit einen Boom-Rezessions-Zyklus hervorbringt.

Indem die monetaristische Theorie des Konjunkturzyklus nicht als praxeologisches, sondern als empirisches Theorem entfaltet wird, wird sie, wie jede andere Theorie das Trade Cycle, in ihrer Konzeption in sich logisch widersprüchlich. Gleichwohl verdient sie, wie in den unmittelbar vorangehenden Ausführungen bereits indirekt geschehen, eine im Unterschied zu allen nicht-monetaristischen Theorien herausgehobene Stellung. Nur sie läßt sich nämlich, vorausgesetzt, man übersetzt sie aus dem falschen Sprachspiel einer empirischen in das richtige einer ‚reinen' Wissenschaft, mit einigen Modifikationen versehen, als zutreffende, d.i. als logisch richtige Theorie erweisen. Alle nicht-monetaristischen Theorien demgegenüber sind in doppeltem Sinn falsch: sie sind nicht nur nicht empirische Theorien, die die Ableitung bedingter Prognosen gestatten, sie sind außerdem auch, wie sich aus der folgenden Darstellung der logisch korrekten Konjunkturerklärung allerdings nur *in*direkt ergeben wird, als praxeologische Theoreme aufgefaßt, logisch falsche bzw. unzureichende Theorien des Konjunkturzyklus.[66]

Die Theorie des Konjunkturzyklus muß folgendes leisten: Sie muß erstens – als ihr Explanandum – erklären das Phänomen einer allgemeinen Ausweitung wirtschaftlicher Aktivitäten, die prima vista wie eine normale Expansion aussieht, tatsächlich jedoch als Boom charakterisiert werden muß, der eine mehr oder weniger ausgeprägte Umstrukturierung der Wirtschaft herbeiführt, um dann von einer allgemeinen wirtschaftlichen Abschwungphase abgelöst zu werden, in der sich die in der Boom-Phase in Gang gesetzten unternehmerischen Aktivitäten in allgemeinem (gegenüber normalen Kontraktionen erhöhtem) Maßstab als verlustreich (in monetären Terms) erweisen. Und sie muß zweitens – als praxeo*logische* Theorie – eine Erklärung liefern, derzufolge der Konjunkturzyklus das logisch notwendige Resultat einer ihm zeitlich vorangehenden Handlungswelt-Datenkonstellation ist; sie muß m.a.W. ein Explanans anbieten, das begrifflich eine zeitverschoben auftretende Boomphase impliziert, die analytisch eindeutig als Boom im Unterschied zu einer normalen Expansion bestimmbar ist, und das gegebenenfalls auch ein tatsächlich ablaufendes wirtschaftliches Geschehen, ungeachtet aller Scheinbarkeiten, und ungeachtet der Tatsache, daß das Konjunkturphänomen faktisch von anderen, zeitlich koinzidierenden Phänomenen überlagert sein kann, allererst eindeutig und unzweifelhaft als Boom empirisch identifizierbar macht;[67] und sie muß ein Explanans anbieten, das begrifflich impliziert, daß der Boomphase notwendigerweise eine Rezessionsphase folgt, die, entsprechend dem über den Boom Gesagten, eindeutig als Rezession mit in ihrer Häufigkeit a-normalen unternehmerischen (monetären) Verlusten bestimmbar wird, und das auch empirische Rezessionen allererst, ungeachtet sie etwa überlagernder Expansionen, unzweifelhaft als solche identifizierbar werden läßt.

Die Antwort auf die Frage nach dem Aussehen einer solchen Theorie wird rekonstruierbar, indem zunächst, in einem ersten Schritt, die sogenannte time-preference theory of interest entwickelt wird, die ihre Existenz, nach wichtigen Vorarbeiten vor allem durch W.St. Jevons, bekanntlich in erster Linie E. v. Böhm-Bawerk verdankt:[68] ein genaues Verständnis der Bedeutung des Zinsphänomens ist nämlich ein unverzichtbares Element bei jedem Versuch, das Konjunkturphänomen erfolgreich erklären zu wollen.

Die Theorie läßt sich als logische Implikation von im wesentlichen drei vorausgesetzten, analytisch wahren Sätzen bzw. von deren Kombination begreifen: a) der Aussage, daß alle Personen jederzeit und ausnahmslos das Handlungsziel verfolgen, das ihnen unter den gegebenen Umständen vergleichsweise am wertvollsten bzw. wichtigsten erscheint; b) der Aussage, daß jede Handlung zur Zielerreichung ‚Zeit' benötigt, man also immer, gleichgültig um welches Ziel es geht, solange man es handelnd realisiert, eine bestimmte, sei es kurze oder lange Wartezeit in Kauf nehmen muß, ehe das Ziel realisiert ist; und c) der Aussage, daß für uns als endliche Wesen ‚Zeit' grundsätzlich knapp ist und also, da wir gleichsam nicht ewig warten können, sondern immer unter dem Zwang stehen, handelnd nach Dringlichkeit geordnete Bedürfnisse befriedigen zu müssen, die Länge der Wartezeit Kosten verursacht, die in die Nutzen-Kosten-Kalkulation uneingeschränkt jeder Handlung als Kostenfaktor eingehen.[69]

Aus diesen Aussagen läßt sich eine Reihe weiterer Statements ableiten: Wenn eine längere Wartezeit höhere Kosten bedeutet, und man immer das tut, was unter gegebenen Umständen den größten subjektiven Gewinn erwarten läßt, dann heißt dies, daß man, falls es für ein als identisch betrachtetes Ziel mehrere technische Realisierungsmöglichkeiten gibt, die sich bezüglich der mit ihrer Realisierung verbundenen Kosten allein hinsichtlich der Länge der erforderlichen Wartezeit unterscheiden, immer diejenige Technik wählen wird, die die geringste Wartezeit erfordert. Nur dann, so folgt allgemein aus den obigen Aussagen, nimmt ein Handelnder eine Verlängerung der Wartezeit in Kauf, wenn er das Produkt (Ziel) der entsprechenden Handlung höher schätzt als die Befriedigung aller derjenigen Bedürfnisse, auf deren Befriedigung er infolge der Wahl eines Handlungsziels mit verlängerter Wartezeit verzichten muß; oder, anders formuliert, die Realisierung eines Handlungsziels mit einer bestimmten, gegebenen Wartezeit kommt für einen Handelnden immer nur dann in Betracht, wenn zuvor die Befriedigung aller derjenigen Bedürfnisse sichergestellt erscheint, die während der Zeit des Wartens auftauchen, und deren Befriedigung subjektiv gesehen dringlicher erscheint als das angestrebte Ziel selbst bzw. die aus seiner Realisierung ableitbare Befriedigung.

Vergegenwärtigt man sich weiter, daß jede Handlung, indem sie ein bedürfnisbefriedigendes Ziel verfolgt, Mittel bzw. Güter verausgabt, und nennt man diejenigen Mittel, die man zu Befriedigungszwecken konsumieren könnte, wenn man kein Ziel mit verlängerter Wartezeit anstrebte, die man aber tatsächlich spart, um ein Ziel, das eine solche verlängerte Wartezeit verlangt, anstreben zu können, ebenso wie diejenigen Mittel, die man konsumieren könnte, wenn man nur Handlungsziele mit vergleichsweise verkürzten Wartezeiten verfolgte, die man aber nicht konsumiert, sondern tatsächlich erhält, um vielmehr solche Handlungsziele, die eine gegebene Wartezeit erfordern, anzustreben, Kapital bzw. Kapitalgüter;[70] definiert man mithin Kapital als die Güter, deren Nicht-Konsumption die Überbrückung gegebener Wartezeiten bzw. die Überbrückung der mit bestimmten Handlungen (Zielen) verbundenen Wartezeitverlängerungen möglich macht, so ergeben sich aus den obigen darüber hinaus die folgenden Aussagen: Nur dann kommt es zu einer zusätzlichen Akkumulation von Kapital, wenn die dadurch ermöglichten Handlungen mit verlängerter Wartezeit Resultate erwarten lassen, die eine höhere Befriedigung darstellen als diejenige, deren man aufgrund der Nicht-Konsumption des zusätzlich akkumulierten Kapitals entraten muß; aber auch nur dann kommt es zu einer solchen zusätzlichen Akkumulation, wenn zuvor die Versorgung mit all denjenigen Gütern sichergestellt erscheint, deren Verbrauch während der verlängerten Wartezeit zur Befriedigung aller derjenigen Bedürfnisse nötig wird, deren Befriedigung weniger lange warten kann als die Befriedigung des Bedürfnisses, das die Realisierung eines Handlungsziels mit verlängerter Wartezeit erfordert.

Und weiter ergibt sich die Erklärung dafür, inwiefern zusätzlich akkumuliertes Kapital in höherer Produktivität resultiert, gleichwohl jedoch, trotz winkender Produktivitätssteigerungen, faktisch (auch) Produktionsmethoden mit suboptimaler Input/Output-Relation verwendet werden (können): Die durch zusätzlich akkumuliertes Kapital ermöglichte verlängerte Wartezeit erlaubt die Steigerung der Produktivität a) einmal, indem sie die Verwendung von (technisch bekannten) Produktionsmethoden erlaubt, die zwar pro Inputeinheit einen größeren Output an auch bisher schon hergestellten Gütern erbringen, die aber gegenüber der herkömmlichen Methode eine entsprechend ausgedehnte Wartezeit verlangt, um zum Tragen kommen zu können, b) zum anderen, indem sie die Herstellung von Gütern erlaubt, die in der kürzeren Zeit überhaupt nicht, oder doch nicht in einer bestimmten Qualität hergestellt werden können, und c) schließlich, indem sie neben der Herstellung auch bisher bereits hergestellter Güter(mengen) die Herstellung zusätzlicher und/oder anderer Güter erlaubt;[71] andererseits aber: die Nutzung der Vorteile, die eine erhöhte Kapitalakkumulation bietet, findet ihre Begrenzung immer und jederzeit darin, daß, bevor sie statthaben kann, die Güterversorgung im Hinblick auf die Bedürfnisse, deren Befriedigung weniger lange warten kann als es die Wartezeit erfordern würde, gesichert zu erscheinen hat – ist dies subjektiver Bewertung zufolge nicht der Fall, so werden auch die objektiven Vorteile, die eine größere Kapitalakkumulation mit sich bringt, nicht dazu veranlassen, sie durch Nicht-Konsumption herbeizuführen.

Mit jeder Handlung, so läßt sich zusammenfassen, trifft ein Handelnder notwendigerweise eine Entscheidung darüber, in welchem Maße er zugunsten der Befriedigung mehr oder weniger zukünftiger Bedürfnisse auf die Befriedigung von mehr oder weniger gegenwärtigen Bedürfnissen zu verzichten bereit ist bzw. in welchem Maße ein solcher Verzicht durch eine höhere Dringlichkeit gegenwärtiger gegenüber zukünftigen, mit höheren Wartekosten belasteten Bedürfnissen begrenzt ist; mit jeder Handlung bewertet man Güter qua gegenwärtige Güter, d.i. solche, deren Konsum in der Gegenwart auftretende Bedürfnisse befriedigen könnte, und vergleicht sie mit dem Wert zukünftiger Güter, d.i. solcher, die man – aufgrund der Nicht-Konsumption der gegenwärtigen – im Rahmen produktiverer, aber zeitraubenderer Produktionstechniken erst zu einem von der Gegenwart entfernteren Zeitpunkt zur Bedürfnisbefriedigung nutzen kann. Der Vergleich kann so oder so ausgehen: zugunsten der zukünftigen Güter, womit es zu zusätzlicher Kapitalakkumulation kommen würde, oder zu ihren Ungunsten, womit es zur Konsumption der gegenwärtigen Güter käme.

Nimmt man an, daß die verschiedenen gegenwärtigen Güter bestimmte Austauschrelationen zueinander aufweisen, und ebenso die verschiedenen zu einem bestimmten Zeitpunkt in der Zukunft gegebenen Güter, so hängt der Ausgang dieses Vergleichs allgemein von der Austauschrate beliebiger gegenwärtiger im Verhältnis zu beliebigen zukünftigen, um einen definitiven Zeitbetrag von der Gegenwart entfernt nutzbaren Gütern ab, die ein Handelnder angesichts der unterschiedlichen Dringlichkeit seiner unterschiedlich lange aufschiebbaren Bedürfnisse für angemessen hält: liegt, bei einer gegebenen Menge und Qualität gegenwärtiger Güter, die durch eine verlängerte Produktionsperiode zu erwartende Produktion zukünftiger Güter nach Menge und Qualität über dem Austauschverhältnis, von dem an ein Austausch gegenwärtiger gegen zukünftige Güter profitabel erscheint, so kommt es zur Nicht-Konsumption der gegenwärtigen Güter; liegt sie darüber, so zu deren Konsumption. Dies Austauschverhältnis gegenwärtiger zu von der Gegenwart um definitive Zeitbeträge entfernte zukünftige Güter heißt Zinsrate (für die entsprechende zeitliche Entfernung). Und da, annahmegemäß, verlängerte Wartezeiten erhöhte Kosten bedeuten, gegenwärtige Güter einer bestimmten Art zukünftigen der gleichen Art also vorgezogen werden, und sie gegeneinander nur austauschbar werden, sofern die Austauschrate eine Discountrate ist, heißt das hier aus den universalen Handlungskategorien diskursiv abgeleitete praxeologische Theorem, das die logische Funktion klärt, die die Zinsrate als ein den Verlauf jeder Handlung notwendig mitbestimmendes Element erfüllt, die time-preference theory of interest. Die Zinsrate drückt aus, bis zu welchem Grad ein Handelnder die Befriedigung kurzfristig auftretender Bedürfnisse für wichtiger hält als die von Bedürfnissen, deren Befriedigung längere Wartezeiten erfordert und, umgekehrt, für welchen Preis er auf mögliche gegenwärtige Befriedigungen zugunsten von Zukunftsvorsorge zu verzichten bereit ist.

Manifest wird Ausmaß und Begrenzung dieser Bereitschaft jeweils in dem Ausmaß gegenwärtigen Sparens oder Ent-Sparens; und jede Veränderung in der Höhe der Zinsrate drückt sich als Veränderung im Umfang des Sparens aus. Steigt die Zinsrate, so bedeutet dies, daß der Wert gegenwärtiger im Vergleich zu zukünftigen Gütern der Einschätzung des Handelnden zufolge steigt – es ist mehr an zukünftigen Gütern nötig, um einen gegebenen Betrag gegenwärtiger Güter dagegen einzutauschen – und im Extremfall, einem Steigen der Zinsrate ins Unendliche, hieße dies, daß jedes Sparen überhaupt aufhörte; umgekehrt, fällt die Zinsrate, so steigen in der subjektiven Wertschätzung zukünftige im Vergleich zu gegenwärtigen Gütern – es ist weniger an zukünftigen Gütern nötig, um einen gegebenen Betrag gegenwärtiger Güter dagegen einzutauschen – und im freilich unmöglichen Extremfall eines völligen Verschwindens der Zinsrate implizierte dies ein völliges Verschwinden jeglicher Konsumption – es würde nur noch gespart.[72]

Das Ausmaß des Sparens, als dem in der Gegenwart manifest werdenden Ausdruck der Zinsrate, hängt dabei ab von der gegenwärtigen Einschätzung des Wertes noch nicht existenter zukünftiger Güter: es ist die Masse gegenwärtiger Güter, die man einzutauschen bereit ist für eine vorgestellte und als solche bewertete Masse zukünftiger Güter. Ob sich die immer in der Gegenwart, aufgrund der immer in der Gegenwart entscheidungswirksam werdenden Zinsrate getroffenen Entscheidungen über die Nicht-Konsumption (Investition) gegenwärtiger Güter allerdings als korrekt erweisen, d.i. ob die in die Produktion zukünftiger Güter investierten gegenwärtigen Güter tatsächlich die erwarteten, und für den Verzicht auf ihren Nicht-Konsum entschädigenden Zinsen in Gestalt zukünftiger Güter erbringen, erweist sich freilich immer erst in der Zukunft. Nur im Rahmen der fiktiven Konstruktion einer ‚evenly rotating economy'[73], der Konstruktion einer immer gleichen Welt ohne Wandel, in der es für Handelnde nur immer gleiche Situationen gibt, in denen man in einem immer gleichen zeitlichen Muster, in ewiger Wiederholung, immer gleiche Ziele mit immer gleichen Mitteln bei immer gleichem Erfolg anstrebt, ist dies Problem per definitionem ausgeschaltet, und die investierten Gegenwartsgüter erbringen in Gestalt zukünftiger Güter gleichsam automatisch immer genau den Betrag an Zinsen, der erforderlich ist, um die Handelnden zu veranlassen, den Kapitalbestand der vorausgesetzen evenly rotating economy durch entsprechende Reinvestition aufrechtzuerhalten: wäre es anders, d.i. entspräche das Ergebnis irgendeiner produktiven Tätigkeit nicht genau den zu Beginn derselben über ihr Ergebnis gehegten Erwartungen, stellte also das spätere Ergebnis nicht in jedem Fall die perfekte Entschädigung für vorangegangene Nicht-Konsumption gegenwärtiger Güter dar, so würde es, annahmewidrig, nicht zur wiederholten Durchführung immer gleicher Handlungen kommen können, und nicht zu der zur Aufrechterhaltung der wandellosen Ökonomie erforderlichen Reinvestition des im Produktionsprozeß aufgebrauchten Kapitals, vielmehr wären Wandel bzw. Umstrukturierungen in der Ausstattung produktiver Tätigkeiten mit Kapital die logische Konsequenz.

Im Rahmen der realistischen Konstruktion einer sich wandelnden Welt mit lern- bzw. irrtumsfähigen Handelnden, mithin einer unabänderlich unsicheren Zukunft dagegen, stellen gegenwärtige Investitionen zugunsten zukünftiger Erträge immer ein mit spekulativen Risiken behaftetes Unternehmen dar: nicht nur hinsichtlich der im weitesten Sinn technischen Bedingungen der Realisierung bzw. Herstellung bestimmter zukünftiger Güter ist ein Irrtum prinzipiell immer möglich, vor allem ist grundsätzlich unvoraussagbar, inwieweit die zu einem späteren Zeitpunkt faktisch existierenden (Güter-)Bewertungen mit den zu einem früheren Zeitpunkt für den späteren *antizipierten* Bewertungen übereinstimmen. Nur im Rahmen erfolgreicher, genuin unternehmerischer Operationen erbringen nicht-konsumierte gegenwärtige Güter tatsächlich den Gegenwert an zukünftigen Gütern, den man bei der Entscheidung zum Sparen als angemessene Entschädigung für entgangenen Gegenwartskonsum betrachtete, und erbringen gegebenenfalls, wenn nämlich der Wert der tatsächlich existierenden zukünftigen Güter den übersteigt, den man antizipativ als den angesetzt hatte, dessen Realisierung für entgangenen Gegenwartskonsum entschädigen sollte, eigentlichen (mehr oder weniger großen) Gewinn; um einen bei prinzipiell ungewisser Zukunft jederzeit ebenfalls möglichen Verlust dagegen handelt es sich, wenn der Wert zukünftiger Güter den nicht-konsumierter Gegenwartsgüter plus Zinsen unterschreitet.

Die Höhe der Zinsrate determiniert somit zum einen das Ausmaß, in dem der Einsatz gegenwärtiger Güter für die risikobehaftete Produktion zukünftiger Güter in Frage kommt, und sie stellt zum anderen ein für die Kosten-Nutzen-Bewertung eines jeden beliebigen Handlungsresultats logisch notwendiges Bewertungselement dar: nur wenn der Wert eines Handlungsresultats höher liegt als alle mit der Produktion desselben verbunden gewesenen Kosten, plus den in der Zinsrate ausgedrückten Wartekosten, kann von Gewinn gesprochen werden.[74]

Vor dem Hintergrund der vorangehend in denkbarer Knappheit skizzierten Zinstheorie, die selbst ersichtlich keine empirische Theorie ist, der es um die Erklärung der Höhe der Zinsrate geht, sondern vielmehr eine praxeologische Theorie, die die begrifflichen Konsequenzen entfaltet, die sich daraus ergeben, daß Handlungen, um Handlungen sein zu können, notwendig Zeit benötigen, um ans Ziel zu kommen, läßt sich nun auch die monetaristische Theorie des Konjunkturzyklus, gleichermaßen knapp, rekonstruieren, die, als gleichfalls reine Theorie, wie ausgeführt, in der Explikation einer (als realistisch erkennbaren) Datenkonstellation zu bestehen hat, die einen nachfolgenden Boom-Rezessionszyklus begrifflich impliziert.[75]

Die ‚Welt', die in der Theorie unerklärt vorausgesetzt wird, sieht dabei folgendermaßen aus: Es gibt einen durch institutionelle Beschränkungen unbehinderten Markt, auf dem Personen frei Güter austauschen; der Austausch ist durch Geld als Austauschmedium vermittelt; der marktmäßige Ausdruck des Austauschs von gegenwärtigen gegenüber zukünftigen Gütern nimmt die Gestalt von (Geld-)Krediten an; und auch der entsprechende intrapersonale Austausch bedient sich der Methode monetärer Kalkulation. Das Phänomen der Zinsrate nimmt in dieser Welt die Gestalt einer Zinsrate für Geldkredite von bestimmter Dauer an; sie ist nicht uniform, da der Kreditmarkt als realer Markt nicht perfekt ist, und die Kreditgeber wie -nehmer als reale Personen sich auch nicht kostenlos vollkommene Marktübersicht verschaffen können; gleichwohl gibt es aufgrund des Strebens der Kreditgeber nach möglichst hohen, und der Kreditnehmer nach möglichst niedrigen Zinsen, eine Tendenz in Richtung auf eine Uniformierung der Zinsrate für Kredite von gegebener Art, so daß es gerechtfertigt ist, verkürzt von *der* Zinsrate zu sprechen. Die Zinsrate für Geldkredite von bestimmter Art und Dauer soll die Marktzinsrate heißen, während die Zinsrate, die in einer geldlosen Gesellschaft den Austausch gegenwärtiger gegenüber zukünftigen (nicht-monetären, d.i. ‚natürlichen') Gütern regeln würde, die natürliche Zinsrate genannt wird. Beide Zinsraten stimmen normalerweise überein: die Funktion der Marktzinsrate ist allein darin zu sehen, daß sie der natürlichen einen monetären Ausdruck verleiht und monetäre Kalkulation (auch) im Bereich der vergleichenden Bewertung gegenwärtiger zu zukünftigen Gütern ermöglicht. Aufgrund einer bestimmten Eigenschaft der Marktzinsrate jedoch kann es zu vorübergehenden Abweichungen von der ihr zugrundeliegenden natürlichen Zinsrate kommen: durch technisch vergleichsweise einfach zu bewerkstelligende Verknappungen oder Ausweitungen der Geldmenge (Geld einschließlich fiduziärer Medien) auf dem Kreditmarkt kann die Marktzinsrate manipulativ über oder unter das Niveau gedrückt werden, das der natürlichen Zinsrate entspricht, und auf dem sie sich ohne entsprechende Intervention befunden hätte. Während eine Abnahme (Zunahme) der Geldmenge (bei vorausgesetzter konstanter Bargeldhaltung) bei konstantem Warenangebot, abgesehen von Veränderungen im internen Gefüge relativer Güterpreise, mit zeitlicher Verzögerung ein Absinken (Ansteigen) des allgemeinen Preisniveaus auslösen muß und eine Anpassung der Marktzinsrate an dies veränderte Niveau verlangt, d.i. eine Reduzierung (Erhöhung) der Marktzinsrate entsprechend den geringgeren (höheren) nominalen Preisen gegenwärtiger Güter (bei unveränderten relativen Preisen gegenwärtiger im Vergleich zu zukünftigen Gütern), führt eine Geldmengenminderung (-vermehrung) dann, wenn sie das ökonomische System via Kreditmarkt erreicht, zunächst zu einer Erhöhung (Reduktion) der Marktzinsrate, d.i. zum genauen Gegenteil dessen, was verlangt ist, um sie, der veränderten Geldmenge entsprechend, einer unverändert gebliebenen natürlichen Zinsrate anzupassen, und zum genauen Gegenteil auch dessen, was mit der Marktzinsrate langfristig (sobald die Güterpreise sich nämlich an die über den Kreditmarkt wirksam werdenden Geldmengenveränderungen vollständig angepaßt haben!) passieren muß. Die Eigentümlichkeit der Marktzinsrate besteht somit darin, daß sie durch monetaristische Intervention am Kreditmarkt in einen vorübergehenden Gegensatz zur natürlichen Zinsrate gebracht werden kann, und dann das in der letzteren ausgedrückte Ausmaß an Bereitschaft zu gegenwärtigem Konsumverzicht zugunsten zukünftiger Güter falsch widerspiegelt.

Im Rahmen dieser Handlungswelt sei nun folgende konkrete Konstellation von Daten gegeben: Aufgrund einer Intervention, sei es durch die Regierung, sei es durch die Zentralbank, fließen über definitive Zeiträume hinweg zusätzliche Mengen Geld bzw. Geldsubstitute auf dem Weg über den Kreditmarkt in das ökonomische System ein. Danach kommt die Kreditexpansion zu einem Stop. Für die zusätzlichen Kreditgelder können Kreditnehmer nur gefunden werden bei verringerten nominalen Kreditzinsen oder bei verringerten Anforderungen seitens der Kreditgeber bezüglich der unternehmerischen Erfolgsaussichten auf der Kreditnehmerseite. In jedem Fall wird durch die Kreditexpansion die Marktzinsrate gegenüber einer gegebenen natürlichen Zinsrate nach unten manipuliert, und sie hinkt, selbst wenn sie nach einem gewissen zeitlichen Andauern der Expansion zu steigen beginnt, zeitlich solange hinter der Höhe zurück die der natürlichen Zinsrate entsprechen würde, bis die Expansion aufgehört hat und die Güterpreise sich an die erhöhte Geldmenge angepaßt haben. Die Expansion auf dem Kreditmarkt hat somit zu einer Situation geführt, in der mehr Geld zugunsten rsisikobehafteter zukünftiger Erträge investiert wird (anstatt es für Gegenwartskonsum auszugeben) als ohne die Expansion investiert worden wäre und als es der in der natürlichen Zinsrate zum Ausdruck gebrachten Bereitschaft des Publikums (d.i. aller Akteure) entspricht, gegenwärtige Güter nicht zu konsumieren, sondern zum Zwecke der riskanten Produktion zukünftiger Güter zu investieren.

Diese Datenkonstellation, das wird jetzt zu zeigen sein, impliziert logisch das Auftreten eines Boom-Rezessions-Zyklus. Vor dem Ereignis der Kreditexpansion, während des Zustandes der Übereinstimmung von Markt- und natürlicher Zinsrate also, liegt (per definitionem) folgende Situation vor: Die Marktzinsrate indiziert korrekt die Kosten, die ein Unternehmen (Handlung) in Form zukünftiger Erträge (mindestens) rückzuerstatten hat, um es als ausreichende Entschädigung für entgangenen (möglichen) Gegenwartskonsum während der Wartezeit und somit als erfolgreich betrachten zu können – korrekt insofern, als für jedermann, der angesichts dieser Kosten ein Unternehmen beginnt, auch systematisch genügend Kapital bereitgestellt ist, um die Wartezeit, die dieses Unternehmen benötigt, derart zu überbrücken, daß die Befriedigung aller während der Wartezeit auftauchenden und als unaufschiebbar betrachteten Bedürfnisse systematisch sichergestellt erscheint. Die Marktzinsrate regelt, sofern sie mit der natürlichen übereinstimmt: zutreffend, daß nur in dem Ausmaß in die Produktion zukünftiger Güter investiert wird, in dem vom Publikum auch tatsächlich, durch Nicht-Konsumption gegenwärtiger Güter, das hierfür erforderliche Kapital bereitgestellt worden ist; sie regelt m.a.W., daß die für die Zielerreichung aller produktiven Tätigkeiten insgesamt erforderliche Wartezeit nicht größer wird, als es das Publikum für tolerierbar hält angesichts der Dringlichkeit seiner während dieser Zeit anfallenden Bedürfnisse und der begrenzten, von ihm selbst zu solchen Überbrückungszwecken zur Verfügung gestellten Kapitalausstattung.

Durch die Kreditexpansion hat sich die Situation grundlegend verändert: Obwohl im Vergleich zu der Situation vor der Expansion von der Gesamtheit aller Akteure nicht mehr gespart wurde – die Summe der realen Güter, die als Kapital zur Verfügung gestellt worden ist, ist unverändert – ist doch durch die Expansion der Geldmenge auf dem Kreditmarkt und die dadurch erzeugte relative Verbilligung von Geldkrediten eine Lage herbeigeführt worden, in der in größerem Umfang in die Produktion zukünftiger Güter investiert wird als es ohne diese Expansion der Fall gewesen wäre. Es kommt zu einer Expansion wirtschaftlicher Tätigkeiten, d.i. es werden in vergleichsweise erweitertem Umfang neue bzw. andere und/oder alte aber auf erweiterter Stufe durchgeführte Operationen begonnen, die sich erst in der Zukunft, durch zukünftige Güter auszahlen (sollen). Aber obgleich diese Expansion real ist – und sie sich phänomenologisch in nichts von einer normalen Expansion unterscheidet – ist sie doch kategorisch von letzterer unterschieden. Während die normale Expansion eine im Vergleich zur Ausgangslage gesenkte natürliche Zinsrate verlangt, d.i. durch zusätzliches Sparen zusätzlich akkumuliertes Kapital, das zur Überbrückung der durch die Expansion erforderlichen verlängerten Wartezeit zusätzlich eingesetzt werden kann, hat eine Vermehrung des Kapitals im Fall einer durch Kreditexpansion in Gang gesetzten Expansion investiver Tätigkeiten nicht stattgefunden. Eine solche Expansion muß sich darum als Überexpansion erweisen; sie ist ein Boom, der notwendig in eine Rezession umschlagen muß: Um alle zukünftigen Güter der im Vergleich zur Situation vor der Kreditexpansion auf erweiterter Stufe begonnenen produktiven Tätigkeiten herzustellen, ist eine verlängerte Wartezeit erforderlich. Es müssen alle Güter, die unabhängig von der Expansion ohnehin hergestellt worden wären, produziert werden, und außerdem diejenigen, die durch die Expansion zusätzlich, darüber hinausgehend produziert werden sollen; da hierfür sowohl die Produktionsmittel gegeben sein müssen, die zur Herstellung der ersten Gütergruppe erforderlich sind, als auch die, die zu der der zweiten benötigt werden, und da es einen längeren Zeitraum in Anspruch nimmt beide Produktionsmittelgruppen durch Nicht-Konsumption gegenwärtiger Güter anzusparen als nur eine allein, erfordert die Produktion aller der in der expandierenden Wirtschaft herzustellenden Güter eine vergleichsweise verlängerte Wartezeit.

Tatsächlich hat jedoch im Fall eines durch zusätzlich in den Kreditmarkt einfließende Geldmengen erzeugten Boom – im Unterschied zu einer normalen Expansion – keine entsprechende Vermehrung von Kapitalgütern stattgefunden: sie sind genauso zahlreich wie vor der Expansion; somit wird im Boom also mit der Produktion einer Menge zukünftiger Güter begonnen, deren Herstellung eine insgesamt längere Wartezeit erfordern würde, als es aufgrund der realen Knappheit der Kapitalgüter erlaubt ist. In dem Maße, in dem im Boom eine *Über*expansion stattgefunden hat, muß, wenn die Kreditexpansion zu einem Ende kommt und sich Güterpreise und Marktzinsrate dem erweiterten Geldvolumen angepaßt haben, eine Rezession einsetzen, die dadurch gekennzeichnet ist, daß eine Reihe von Unternehmungen aus dem Bereich der überexpandierten Wirtschaft aus Mangel an Kapital nicht zu Ende geführt oder fortgesetzt werden können: es gibt nicht genügend Kapital, um *alle* begonnenen Aktivitäten zu Ende führen zu können, und in der Konkurrenz um das für die boomhaft expandierende Ökonomie systematisch unzureichende Kapital müssen, im Ausmaß der stattgehabten Überexpansion, d.i. gemäß der systematischen Überschätzung der Länge der vom Publikum für tolerabel gehaltenen Wartezeit, solche Unternehmungen verlustreich, als Fehlinvestition enden, die angesichts ihrer antizipierbaren Erträge für sich den vergleichsweise geringsten Spielraum sehen, bei dem preissteigernden Wettbewerb um die zu ihrer Fortsetzung benötigten Mittel mithalten zu können. Die allgemeine Überexpansion muß in nicht fortführbaren allgemeinen Fehlinvestitionen enden. – Die Datenkonstellation ‚Kreditexpansion' impliziert eine boomhafte Expansion wirtschaftlicher Tätigkeiten; und ein Boom, d.i. ein Aufschwung ohne vermehrtes Kapital, impliziert, sobald die monetäre Expansion zu einem Ende kommt, eine Rezession, die an Allgemeinheit deshalb über den Normalfall, in dem sich Unternehmer vereinzelt über die zukünftigen Marktchancen bestimmter Produkte täuschen, hinausgeht, weil sie einen systematischen Grund darin besitzt, daß im Boom Tätigkeiten in einem Umfang in Gang gesetzt wurden, der das zu ihrer aller vollständigen Durchführung benötigte Kapital systematisch übersteigt, so daß der Punkt kommen muß, an dem die die geringsten Erfolgsaussichten bietenden dieser Tätigkeiten in systematischem Umfang eingestellt werden müssen.

Logische Voraussetzung für das Gegebensein eines Boom ist, daß es aufgrund allein monetärer Maßnahmen in einem größeren Ausmaß zur Aufnahme der Produktion zukünftiger Güter kommt als dies ohne diese Maßnahme der Fall gewesen wäre; und solange ist die logische Voraussetzung für eine Verlängerung des Boom gegeben, solange es durch die Fortsetzung monetärer Manipulationen gelingt, die Produktion zukünftiger Güter auf einem Niveau fortzuführen, das über dem liegt, das sich bei Beendigung derartiger Eingriffe einstellen würde. Es spielt dabei zur Beurteilung der Frage, ob ein Boom vorliegt, keine Rolle, ob sich nach und neben diesen Eingriffen aufgrund bestimmter Gegebenheiten den Kapitalbestand der Gesellschaft berührende Ereignisse ergeben: ob etwa aufgrund einer Senkung (Erhöhung) der natürlichen Zinsrate vermehrt (vermindert) Kapital zur Verfügung gestellt wird, ob es sich bei der betrachteten Gesellschaft um eine wachsende Ökonomie handelt, die während jeder Produktionsperiode ein Surplus an Kapitalgütern ausstößt oder nicht, ob es aufgrund von Katastrophen o.ä. zur physischen Vernichtung von Kapital kommt oder nicht, usw., usw. Entscheidend für das Vorliegen eines Boom ist allein, daß es durch die Expansion von Kredit zu einer Stimulierung investiver Tätigkeiten kommt, die, was immer aufgrund eines gegebenen Kapitalbestandes und gegebener Veränderungen desselben ansonsten produziert oder nicht produziert, mehr produziert oder weniger produziert werden mag, in ihrem Ausmaß über dem liegt, was ohne diese Expansion zu verzeichnen gewesen wäre. Ist dies der Fall, dann muß es auch zu einer Rezession kommen.

Würde eine Vermehrung der auf dem Kreditmarkt angebotenen Geldmenge unmittelbar, ohne jede zeitliche Verzögerung, im gleichen Atemzug mit ihrem eigenen Auftreten, auch zu einer Erhöhung des allgemeinen Preisniveaus und zu einer entsprechenden Anpassung der Marktzinsrate führen, so wäre es ausgeschlossen, durch monetäre Maßnahmen die logische Voraussetzung für das Gegebensein eines Boom tatsächlich herbeizuführen; machbar ist ein Boom nur, insoweit diese Gleichzeitigkeit nicht besteht, sondern die vermehrte Geldmenge in die Hände investitionsbereiter Käufer gerät, ehe sich noch Güterpreise und Marktzinsrate an das erhöhte Geldvolumen angepaßt haben; und verlängerbar ist ein Boom, ganz entsprechend, nur insofern, als die ständig weiter in den Kreditmarkt einfließenden Geldmengen erst mit zeitlicher Verzögerung ihre Wirkung auf Preisniveau und Marktzinsrate ausüben: nur weil und wenn eine solche *verzögerte* Wirkung von zusätzlich auf den Kreditmarkt geworfenen Geldmengen ausgeht, gelingt es ja überhaupt erst, für diese zusätzlich angebotenen Geldmengen zusätzliche Kreditnehmer zu finden, u.d.i. eine Kredit*expansion* zu manipulieren – es gelingt nur, weil eine Verbilligung von Kredit stattfindet, ohne daß diese durch eine gleichzeitige allgemeine Güterpreiserhöhung in ihrer stimulierenden Wirkung wieder zunichte gemacht wird.

Wird durch die Manipulation der Geldmenge eine Kreditexpansion herbeigeführt, dann entsteht, logisch unausweichlich, ein Boom; und dieser muß, wenn die ihn in Gang haltende Expansion, die im übrigen nicht endlos sein kann, ohne zu einem Zusammenbruch des gesamten monetären Systems zu führen, zu einem Halt kommt, mit gleicher Unausweichlichkeit in eine Rezession übergehen: Es ist dabei zwar prinzipiell unmöglich vorauszusehen, welche der während des Booms in überexpansivem Maßstab durchgeführten Tätigkeiten sich als Fehlinvestitionen herausstellen werden, weil es, abgesehen von der generellen Prognose, daß sich das allgemeine Güterpreisniveau langfristig an die vermehrte Geldmenge anpassen muß, sowohl ausgeschlossen ist, vorherzubestimmen, in welchem Tempo sich dies abspielt und in welchem Maße und welchem zeitlichen Muster welche Güter davon berührt werden, als auch, vorauszusagen, welche relativen Bewertungen zukünftige Güter auf einem zukünftigen Markt erfahren werden;[76] aber mit apodiktischer Gewißheit läßt sich vorhersagen, daß die angesichts eines gegebenen Kapitalbestandes im Boom überexpandierte

Wirtschaft mit Beendigung der Kreditexpansion in eine Situation geraten muß, in der nun die Unternehmen systematisch auf der Strecke bleiben müssen, die sich in der Konkurrenz um das, wie jetzt sichtbar wird, für die Durchführung aller Vorhaben systematisch unzureichende Kapital als die erweisen, denen vom (durch die Kreditexpansion systematisch mißachteten) Markt die geringste relative Dringlichkeit bescheinigt wird. Investitionsruinen sind das unvermeidbare Resultat jeden Booms; und die in ihnen sichtbar werdende Verschwendung von Kapital bei der Verfolgung überambitiöser, nicht beendbarer Pläne hat, als ebenfalls notwendiges Ergebnis jeder Kreditexpansion, dazu geführt, daß eine relative Verarmung eingetreten ist: der absolute Reichtum einer Gesellschaft kann, wenn es sich um eine wachsende Ökonomie i.o.a. Sinn handelt, nach Beendigung der Kreditexpansion größer sein als zuvor, aber er ist geringer, als er es ohne das Abenteuer der Kreditexpansion gewesen wäre; denn, wie die ‚Phänomenologie der Rezession' nur allzu deutlich macht, hat die Kreditexpansion zu einer systematischen Verschwendung von Ressourcen in der Verfolgung von Zielen mit zu großer Wartezeit geführt: „There are plants which cannot be utilized because the plants needed for the production of the complementary factors of production are lacking; plants the products of which cannot be sold because the consumers are more intent upon purchasing other goods which, however, are not produced in sufficient quantities; plants the construction of which cannot be continued and finished because it has become obvious that they will not pay."[77] „Prices drop suddenly because these distressed firms try to obtain cash by throwing inventories on the market dirt cheap. Factories are closed, the continuation of construction projects in progress is halted, workers are discharged."[78]

Die bereits betonte, herausgehobene Stellung, die die in jüngster Zeit sich rasch zunehmender Popularität erfreuende (empirische) monetaristische Theorie des Konjunkturzyklus, trotz ihrer epistemologischen Unhaltbarkeit qua empirische Theorie, mit Recht verdient, rührt daher, daß sie mit der vorstehend dargestellten reinen Theorie, phänomenologisch betrachtet, weitgehend übereinstimmt. M. Friedmans im folgenden widergegebene Skizze einer ‚dynamic theory' macht diese Übereinstimmung deutlich. Auch bei ihm beginnt die Ereignisabfolge mit einer monetaristischen Intervention – allerdings nicht mit einer einfachen Geldexpansion, sondern (da er annimt, das ökonomische System habe sich an eine existierende Geldwachstumsrate angepaßt, derart, daß sich die Marktzinsrate, diese kontinuierlichen Geldmengenvermehrungen antizipierend, im *Gleichschritt* mit diesen Veränderungen verändert) mit einer *Beschleunigung* in der Rate der Expansion.[79] „Let the growth rate of M_2 accelerate. For something like six months, the main effect will be that actual balances will exceed desired balances, which may temporarily depress short-term interest rates but will have little other effect. After about six to nine months, the rate of growth of nominal GNP will accelerate, as the holders of the excess cash seek to dispose of it. The increased spending, by precisely the process Hume described, will ‚excite industry', as producers facing unexpectedly high nominal demands treat the increase as special to them and so seek to expand output. For a time they can do so, because their suppliers too, including laborers, take the increase in demand as special and temporary and do not alter their anticipations. This, if you will, is the temporary Keynesian phase, where output responds more quickly than prices. In its course, prices do respond, rising more rapidly than before, and interest rates stop falling and start to rise. But it takes about eightteen months after output starts to quicken – or two years after money accelerates – for the main effect to have shifted from output to prices. During this period, anticipations are changing, reflected most sensitively perhaps in interest rates, but even after prices have started to absorb the bulk of the acceleration in money, anticipations have not fully caught up. In the next year or so they will, which will force a decline in the rate of growth of output back to or below the ‚natural level', producing the stagflation stage."[80]

Neben unübersehbaren Ähnlichkeiten: Expansion, Reduzierung der Marktzinsrate, Aufschwung, Inflation, Erhöhung der Marktzinsrate, Abschwung, – werden aber in der zitierten Passage auch die Unzulänglichkeiten dieser Theorie charakteristischerweise deutlich. Die in sie inkorporierten, detaillierten Informationen über die time lags sind zwar zweifellos interessant, sie stellen aber nicht mehr und nicht weniger dar als Informationen über historische Daten; theoretisch betrachtet sind sie bedeutunglos: nicht-theoriefähige Scheinpräzisierungen, die in der Formulierung der Theorie selbst nicht auftauchen sollten.

Wichtiger aber ist eine andere Unzulänglichkeit – das Fehlen einer Unterscheidung von theoretischer Wichtigkeit: Monetäre Expansionen können zweierlei Form mit logisch eindeutig unterscheidbaren Konsequenzen annehmen, in der wiedergegebenen Skizze jedoch wird diese Differenz – u.E. durchaus charakteristisch für den modernen Monetarismus – eher verdunkelt als erhellt und einer undifferenzierten Verwendung von ‚monetärer Expansion im allgemeinen' als Erklärungsgröße Vorschub geleistet.[81] Dabei wird ein Boom-Rezessions-Zyklus nur in Gang gesetzt durch eine *Kredit*expansion; nur wenn die Geldvermehrung in einer zusätzlichen Aufnahme von Tätigkeiten zur Produktion *zukünftiger* Güter resultiert, resultiert auch ein (boomhafter) Aufschwung. Ganz anders ist die Situation dagegen, wenn man annimmt, daß die zusätzlichen Geldmengen Kreditmarkt und Marktzinsrate nicht direkt berühren, sondern während ihrer Zirkulation durch das ökonomische System ausschließlich zum Austausch mit von der gegebenen Ökonomie produzierten *gegenwärtigen* Gütern verwendet werden. In diesem Fall einer ‚einfachen' Inflation kommt es nach und nach zu einem allgemeinen Ansteig des Preisniveaus, wovon einzelne Güter eher und stärker, andere später und schwächer berührt werden mögen; manche Personen profitieren von diesem Prozeß, andere erleiden durch ihn Verluste; das Wirtschaftssystem kann grundlegend umstrukturiert werden und einzelne Produktionszweige am Ende mit mehr, andere mit weniger Kapital ausgestattet. Was eine monetäre Expansion, die den Kreditmarkt nicht berührt, aber *nicht* impliziert, ist eine Ausdehnung hinsichtlich des Beginns der Produktion zukünftiger Güter über das Maß hinaus, das der tatsächlichen Kapitalausstattung entspricht (d.i. einen Boom); solange zusätzliche Geldmengen nur im Austausch gegen gegenwärtige Güter verwendet werden, kann es logisch nur *Um*strukturierungen geben: Veränderungen im Gefüge relativer Güterpreise und entsprechende Reallokationen von

Produktionsfaktoren von einem in einen anderen Produktionszweig – aber die Produktion wird nicht in der Weise ausgeweitet, daß die Herstellung aller zukünftigen Güter insgesamt gesehen jetzt eine längere Wartezeit verlangte als vor der monetären Expansion, denn annahmegemäß sind die zusätzlichen Gelder nicht zum Austausch gegen zukünftige, sondern ausschließlich gegen gegenwärtige Güter verwendet worden. Insgesamt kann die Wartezeit somit nicht verlängert worden sein; und also liegt kein Boom vor.[82]

Diese Unzulänglichkeit mangelnder begrifflicher Differenzierungen freilich zeigt symptomatisch nur wieder die zugrundeliegende, in unseren Ausführungen bereits wiederholt angesprochene, allgemeine Unzulänglichkeit einer in empiristischem Bewußtsein betriebenen Ökonomie an: wie sehr die empiristischen Ökonomen – hier: Friedman – der Wahrheit mit ihrer Darstellung der Phänomenologie bestimmter Ereignisabläufe auch nahe kommen, sie fehlen doch darin, daß sie nicht zeigen, *warum* diese Ereignisabläufe das *notwendige* Ergebnis bestimmter Datenkonstellationen sind, und warum welche anderen Ereignisse nur als prinzipiell unvoraussagbare, kontingente Begleitumstände derselben eingestuft werden können; als Empiristen bleiben sie auf der Stufe der Phänomenologie stehen und bemühen sich, anstatt um exakte logische Begründung durch exakte begriffliche Differenzierungen, um empirische Bestätigungen. Da aber das Konzept einer empirisch-kausalwissenschaftlichen Ökonomie logisch widersprüchlich ist und handlungswissenschaftliche (ex ante) Erklärungen nur logische Erklärungen sein können, verhalten sie sich in diesem Bemühen um Erfahrungsbestätigung bzw. -falsifikation – verhält sich auch Friedman – wie jemand, der den Pythagoras, ihn dabei verfälschend, erst ins Sprachspiel einer empirischen Wissenschaft übersetzt und dann durch empirische Messungen zu bestätigen versucht.[83]

VIII

Nach dem Nachweis der Unmöglichkeit einer empirisch-kausalwissenschaftlichen Ökonomie, der Darstellung der epistemologischen Grundlagen der Ökonomie als einer notwendigerweise aprioristischen Wissenschaft, und nach der exemplarischen Veranschaulichung ökonomischer Theoreme als Aussagensysteme einer eigentümlichen, nicht-empirischen Wissenschaft, kommen wir jetzt, ehe abschließend die Frage erörtert werden soll, welche wissenschaftspraktischen Konsequenzen sich aus der logisch unvermeidlichen Anerkennung der Ökonomie qua reiner Wissenschaft ergeben, noch einmal zurück zur *Logik* der Wirtschaftswissenschaft. – Ein zu ihrem vollen Verständnis zentrales, in der vorherrschenden empiristischen Verwirrung ausnahmslos mißverstandenes Problem ist nämlich noch nahezu gänzlich unerörtert geblieben: das Problem der Logik der Anwendung reiner handlungswissenschaftlicher Theoreme. Nach der Darstellung insbesondere des letzten, dritten Beispiels eines Theorems reiner Ökonomie ist dies nun der geeignete Ort zur Diskussion des genannten Problems.

Die Logik der Anwendung von Aussagen empirisch-kausalwissenschaftlicher Disziplinen (d.i. der Naturwissenschaften) ist so zu charakterisieren: Eine Wenn-Dann-(Je-Desto)Aussage wird immer dann anwendbar, wenn die in der Wenn-Komponente formulierten Bedingungen tatsächlich vorliegen; dabei ist es völlig gleichgültig, welcherart die übrigen, in der Wenn-Komponente nicht erwähnten, tatsächlichen Gegebenheiten einer Anwendungssituation sind: Sofern die in der Wenn-Komponente explizierten Anwendungsbedingungen gegeben sind, liegt ein Anwendungsfall vor, ungeachtet der Tatsache, wie gleichartig oder ungleichartig die Anwendungsfälle sonst auch immer sein mögen. – Nur aufgrund dieser Anwendungslogik kann es gelingen, Hypothesen zu testen (und qua Hypothesen über empirische Relationen *können* sie ja nur in und durch wiederholte Anwendung getestet werden![84]): würde nämlich mehr für eine (wiederholte) Anwendung verlangt sein als das ausschließliche (wiederholte) Gegebensein der explizierten Wenn-Bedingungen, verlangte man ‚Gleichartigkeit der gesamten Anwendungssituation' (über die Gleichartigkeit der in der Hypothese ausdrücklich erwähnten Anwendungsbedingungen hinaus!), so wäre weder so etwas wie Hypothesenbestätigung, noch wie -falsifikation möglich, denn dann könnten Situationen niemals zweifelsfrei als ‚gleich' festgestellt werden, und es wäre nicht klar, wann überhaupt erstmalig ein Anwendungsfall tatsächlich vorliegt. Kurz: eine Hypothese einer empirisch-kausalwissenschaftlichen Disziplin kann grundsätzlich nicht (es sei denn, sie hörte auf, bestätig- und falsifizierbar zu sein) im Zusammenhang mit einer sogenannten ceteris paribus-Klausel auftreten. Sie muß vielmehr als ‚blind' anwendbar gelten, sowie die durch sie explizierten Bedingungen ihrer Anwendung vorliegen. Andernfalls kommt es zum Zusammenbruch der allein durch Lernen aus bestätigenden und, vor allem: falsifizierenden Erfahrungen fortschreitenden empirisch-kausalwissenschaftlichen Disziplinen.

Während naturwissenschaftliche Hypothesen, den dargestellten wissenschaftslogischen Erfordernissen entsprechend, auch tatsächlich keine ceteris paribus-Klauseln aufweisen, ist ihr Gebrauch im Zusammenhang mit ökonomischen Theoremen nicht untypisch. Dies hätte durchaus Anlaß geben können – da die verhängnisvollen Konsequenzen, die die Verwendung dieser Klausel für die Entwicklung der empirischen Kausalwissenschaften mit sich bringt, geradezu auf der Hand liegen – an der Richtigkeit der üblichen wissenschaftslogischen Klassifizierung der Ökonomie zu zweifeln. Die tatsächliche Reaktion ging jedoch in die umgekehrte Richtung: felsenfest in der empiristischen Wissenschaftsideologie befangen, derzufolge es undenkbar erscheinen muß, die Idee der Ökonomie als einer nicht-empirischen Disziplin ernsthaft ins Auge zu fassen, wurde stattdessen die genannte Praxis umstandslos als Sünde wider den Geist der Wissenschaft gedeutet: durch den Einbau entsprechender Klauseln in ökonomische Theoreme wolle man sich gegen Erfahrung bzw. Erfahrungstests immunisieren, und um die Ökonomie auf den rechten Pfad einer fortschreitenden Wissenschaft zu bringen sei die vollständige Aufgabe dieser Strategie ein unabdingbares Erfordernis.[85]

Dieser Schluß muß jetzt als voreilig eingestuft werden. Wenn die Ökonomie keine empirische, sondern eine notwendigerweise aprioristische Handlungswissenschaft ist und sein muß, dann ist es immerhin möglich, daß sich aus der Anwendungslogik reiner Wissenschaften eine im Gegensatz zu der der empirischen Kausalwissenschaften veränderte Bewertung hinsichtlich der Verwendung von ceteris paribus-Klauseln ergibt, und daß die erwähnte, und aus empiristischer Sicht kritisierenswerte Praxis lediglich anzeigt, daß sich Ökonomen, was immer sie auch zu tun *meinen*, gar nicht der Logik der empirischen Wissenschaften unterwerfen.

In der Tat ergibt sich aus der Anwendungslogik der (reinen) Ökonomie die völlige Harmlosigkeit von ceteris paribus-Klauseln; ihre Verwendung als Immunisierungsstrategie zu kennzeichnen, bezeugt allein das vollkommene Unverständnis der Ökonomie als reiner, aprioristischer Handlungswissenschaft. – Ob ein reines Handlungstheorem valide ist oder nicht, läßt sich im Unterschied zu empirischen Hypothesen unabhängig von seiner Anwendung ermitteln – ja es muß sogar unabhängig von ihr ermittelt werden, denn qua praxeologisches Theorem hat seine Korrektheit ohne Rekurs auf Erfahrungsdaten begründbar zu sein. Dies macht die Anwendung solcher Theoreme nun keineswegs unmöglich, aber es verändert die Situation insofern, als ein blindes Anwenden i.o.a. Sinn (das nötig wurde, weil anders die Validität empirischer Hypothesen überhaupt nicht feststellbar wird) dann ausgeschlossen ist: abgesehen von der Feststellung des tatsächlichen Vorliegens der in der Wenn-Komponente des (reinen) Theorems explizierten Bedingungen, muß für eine Anwendung auch festgestellt sein, daß aufgrund der übrigen begrifflichen Bestimmungen der Situation, in der das Theorem angewendet werden soll, tatsächlich keine von der im Theorem explizierten Datenkonstellation *logisch unterschiedene* Situation vorliegt. Eine solche Situation wäre dadurch charakterisiert, daß aufgrund zusätzlicher begrifflicher Bestimmungen dieser Situation möglicher Anwendung, tatsächlich eine Datenkonstellation gegeben ist, von der sich, wiederum allein anhand reiner logischer Analyse, zeigen läßt, daß sie das zu erklärende Phänomen logisch *nicht* impliziert, und daß sie somit von der Situation, in der das Theorem allein Anwendung finden kann, logisch unterschieden ist. Da hierbei, was eine logisch unterschiedene Situation ist, a priori bestimmbar ist (und sein muß) – und indirekt damit auch, welche Veränderungen bezüglich der Anwendungssituation *keine* logisch andere Situation begründen, innerhalb welchen begrenzten Rahmens also eine blinde Anwendung eines Theorems erfolgen kann – wäre es im Prinzip vorstellbar, mit der Entwicklung eines jeden praxeologischen Theorems alle diejenigen denkbaren begrifflichen Bestimmungen darzustellen, deren Hinzutreten zu den im Theorem selbst explizierten Bedingungen einen logisch distinkten Fall konstituierte. Praktische Gründe machen aber eine derartige Vollständigkeit schwer, wenn nicht geradezu unmöglich; und didaktische Gründe machen sie darüber hinaus nicht einmal in jedem Fall überhaupt erstrebenswert. Von daher treten ökonomische Theoreme häufig in Verbindung mit einer ceteris paribus-Klausel auf: sie explizieren einen ‚reinen' Fall, entfalten dessen Implikationen, geben u.U. noch einige ‚realistische' Bestimmungen an, deren Hinzutreten zu den Bedingungen des reinen Falls einen logisch anderen Fall ausmachte, und behaupten dann die Geltung des Theorems ceteris paribus – es gilt und läßt sich anwenden, wenn eine Anwendungssituation, was auch immer ihre sonstigen Bestimmungen sein mögen, logisch nicht anders ist, als die im Theorem selbst angegebenen Geltungsbedingungen. – Harmlos ist diese Praxis, weil sich im Prinzip immer, selbst bei unvollständiger Explikation von Anwendungsbedingungen, vor der faktischen Anwendung eines Theorems, allein aufgrund logischer Analyse, entscheiden läßt, ob eine entsprechende Situation vorliegt oder nicht; und harmlos ist sie auch insofern, als selbst im Falle einer zunächst irrtümlich vorgenommenen Anwendung die Aufdeckung dieses Irrtums, d.i. die Zurückweisung einer Anwendung als inkorrekter Anwendung, doch nicht als Immunisierung gedeutet werden kann, da sich die Berechtigung einer solchen Zurückweisung jederzeit vor der Instanz reiner logischer Analyse begründen lassen muß.

Man kann praxeologische Theoreme schlechterdings nicht vor Erfahrung immunisieren, weil sie als logische Theoreme eine erfahrungsunabhängige Geltung zu besitzen beanspruchen: ob sie gelten, und auch, ob ein Fall möglicher Anwendung vorliegt, darüber entscheidet grundsätzlich nicht Erfahrung, sondern logische Analyse. Ein blindes Anwenden ökonomischer Theoreme und die Bezeichnung ‚Immunisierungsstrategie' gegenüber einer unter Hinweis auf die ceteris paribus-Klausel erfolgten Zurückweisung solcher blinden Anwendungen sind absolut unangebracht: Wissenschaftlichen Unsinn betreibt derjenige, der etwa die oben dargestellte Konjunkturtheorie zu testen meint, indem er sie blind zur Anwendung bringt in einer Situation, in der zwar eine monetäre Expansion vorliegt, aber gleichzeitig durch Steuererhöhungen Unternehmungen zusätzliche, die zunächst erfolgte Verbilligung wieder kompensierende Kosten aufgebürdet werden – und nicht derjenige, der eine solche Praxis kritisiert und darauf verweist, daß es auch ohne ausdrückliche Erwähnung dieser Datenkonstellation hätte klar sein sollen, daß aufgrund von Steuererhöhungen das Auftreten einer Kreditexpansion, das normalerweise durch Geldmengenerweiterungen ins Werk gesetzt werden könne, doch offenbar gerade verhindert worden sein kann, womit eine von der Anwendungssituation des fraglichen Theorems tatsächlich logisch eindeutig unterschiedene Situation vorliegen würde; und Unsinn treibt der, um ein anderes Beispiel zu erwähnen, der etwa die Aussage: ‚Eine Festsetzung der Mindestlöhne oberhalb des Niveaus, das sich auf einem durch Interventionen unbehinderten Arbeitsmarkt bilden würde, führt zu institutioneller Arbeitslosigkeit' in einer Situation glaubte überprüfen zu können, in der eine Erhöhung des Mindestlohns einhergeht mit einer wirtschaftlichen Expansion, die eine Erhöhung der Grenzproduktivität von Arbeit *über* das fixierte Mindestlohnniveau mit sich bringt – und gewiß nicht der Kritiker, der angesichts einer solchen Praxis feststellt, daß man offenbar buchstäblich nicht wisse, was man tue.

IX

Daß sich aufgrund der Anerkennung des aprioristischen Charakters der Ökonomie und des entsprechenden Verständnisses ihrer Logik, einschließlich der gerade betrachteten Logik der Anwendung reiner handlungswissenschaftlicher Theoreme, in ihrem Ausmaß kaum zu überschätzende Konsequenzen für die gegenwärtige Praxis der Wirtschaftswissenschaften ergeben, ist aus den bisherigen Ausführungen vermutlich bereits indirekt deutlich geworden. Versucht man sie hier nun explizit zu machen, so ist am augenfälligsten wohl die – gleichsam negative – Konsequenz, die sich für die Praxis der empirischen Wirtschaftsforschung ergibt. – Ihrem Selbstverständnis zufolge sorgt sie für die empirische Fundierung von Theorie bzw. dafür, daß aus Spekulation überhaupt validierte Theorie wird. Hierfür, für diese vermeintliche Leistung, erhält sie von denen, die solches Wissen aus den unterschiedlichsten Gründen zu benötigen meinen, und die über genügend eigenes und fremdes Geld verfügen, Jahr für Jahr finanzielle Unterstützung in einem Ausmaß, das die übrigen Sozialwissenschaften blaß werden läßt vor Neid. Mit der Einsicht in die Unhaltbarkeit dieses Images der empirischen Wirtschaftsforschung dürfte eine derartige Unterstützungsbereitschaft ebenfalls aufhören. Spricht sich nämlich herum, daß ihre Leistungen bestenfalls – wenn sie nämlich eine korrekte praxeologische Theorie logisch korrekt anwendet – in empirischen Illustrationen erfahrungsunabhängig feststehender Wahrheiten bestehen können, und daß sie andernfalls nicht einmal das zu leisten vermag, sondern lediglich theoretisch (praxeologisch) mehr oder weniger bedeutungslose Daten in technisch mehr oder weniger dramatisch aufgezäumter Weise rekonstruiert und darbietet, die in Wahrheit nichts sind als (wirtschafts-)historische Daten: daß ihre Leistungen aber in jedem Fall nichts mit Theorieentwicklung und -test zu tun haben, und nichts mit der Generierung prognostisch verwertbaren Wissens, sondern daß all dies, völlig unabhängig von jeder Form der empirischen Wirtschaftsforschung, im Rahmen aprioristischer handlungswissenschaftlicher Untersuchungen stattfindet – dann, so läßt sich erwarten, sinkt die Bereitschaft diese Art von Forschung finanziell zu fördern, vermutlich auf das Normalmaß, welches auch die Förderungsbereitschaft im Hinblick auf alle übrigen (nicht-ökonomischen) historischen Untersuchungen kennzeichnet.

Anstelle dessen verdiente, ginge es mit rechten Dingen zu, der Typ ökonomischer Forschung verstärkte Zuwendung, der in empiristischer Perspektive nichts ist als bloße, blasse Theorie, der in Wahrheit aber der einzige ist, der überhaupt prognostisch verwertbare Theorie produziert: praxeologische Forschung. Nur sie, die als armchair-Disziplin zweifellos unvergleichlich viel billiger ist als das, was unter dem Titel empirische Wirtschaftsforschung firmiert, kann Fortschritte in der Entwicklung der Wirtschaftswissenschaften herbeiführen; empirische Wirtschaftsforschung ist hierfür belanglos,[86] wie sehr sich auch diejenigen, die damit ihr Geld verdienen, gegen diese Einsicht sträuben werden.

Praktische Konsequenzen nicht weniger dramatischer Art als die für die Rolle der empirischen Wirtschaftsforscher ergeben sich aber naturgemäß umgekehrt auch für die Rolle dessen, der Wirtschafts*theorie* zu betreiben beabsichtigt. Er unterwirft sich mit seiner Arbeit nicht länger dem Verdikt von Erfahrungstests, sondern unterliegt stattdessen grundsätzlich der Kontrolle durch logische Analyse.

Von Seiten der Anhänger der Konzeption empirisch-kausalwissenschaftlicher Ökonomie ist im Hinblick auf diese Art der Kontrolle hervorgehoben worden, sie könne nicht mehr gewährleisten als die tautologische Korrektheit begrifflicher Umformungen und Ableitungen, wobei dieser Hinweis regelmäßig so verkauft wurde, als sei damit ein in irgendeinem Sinn inferiores Kontrollverfahren bezeichnet.[87] Während nun der erste Hinweis bezüglich einer aprioristischen Handlungswissenschaft zweifellos zutreffend ist, ist die mit ihr verbundene Unterstellung ebenso zweifellos abwegig: auch Mathematik und Logik produzieren so gesehen nichts als Tautologien, und dennoch würde vermutlich niemand behaupten wollen, die Validitätskontrollen, denen die Produkte dieser Disziplinen unterliegen, seien in irgendeinem bedeutsamen Sinn weniger strikt, als es Erfahrungskontrollen sind.[88] Vielmehr ist offenbar das Gegenteil der Fall; und auch eine aprioristische Ökonomie unterwirft sich, ganz entsprechend, wie schon die beispielhafte Darstellung reiner ökonomischer Theoreme weiter oben hat deutlich machen sollen, tatsächlich nicht geringeren, sondern erheblich verschärften Anforderungen bezüglich ihrer Aussagen.

Für die praktische Arbeit des Theoretikers ergeben sich aus dieser Verschärfung durchaus drastisch zu nennende Konsequenzen: Für den empiristischen Wirtschaftstheoretiker bieten sich im Hinblick auf seine Arbeit zwei miteinander verwandte, sich aus der Logik empirischer Kausalwissenschaften ableitbare Immunisierungsstrategien an, von denen in der Wissenschaftspraxis auch weidlich Gebrauch gemacht wird. Aus der institutionellen Trennbarkeit des Vorgangs der Hypothesenformulierung und desjenigen des empirischen Tests, ergibt sich zum einen, daß man – ohne daß dies vorwerfbar wäre – zunächst einmal fast alles behaupten kann, ohne für seine Behauptung sogleich den Beweis antreten zu müssen; vielmehr läßt sich dessen Erbringung auf den späteren Zeitpunkt eines Tests verschieben (der u.U. nie durchgeführt wird). Fast erübrigt es sich festzustellen, daß von dieser Möglichkeit auch Gebrauch gemacht wird. – Zum anderen ergibt sich aus demselben (Trennungs-)Grund, daß Diskussionen zwischen empirischen Wissenschaftlern – wiederum, ohne daß man den Teilnehmern dies strengenommen als unwissenschaftlich vorwerfen könnte – die Form eines allenfalls von läppischen Reverenzerweisungen begleiteten Aneinandervorbeiredens und -forschens annehmen können: jede sei es noch so gut bestätigte Hypothese läßt sich leicht mit dem kritischen Hinweis versehen, daß man dies und jenes, diese und jene Variable, noch nicht zureichend berücksichtigt bzw. kontrolliert habe, und man die Hypothese folglich, je nach Wohlwollen des Kritikers, weiterhin mit mehr oder weniger großer Skepsis zu betrachten habe; und umgekehrt läßt sich, selbst wenn eine einzelne Hypothese einem Erfahrungstest nicht standhalten sollte, so doch durch geeignete ad hoc-Annahmen prinzipiell immer die ‚zentrale Idee' seiner Hypothese (bzw. das, was man dafür ausgibt), das ‚Zentrum' seines Forschungsprogramms, bis zum jeweils nächsten Test retten, und läßt sich somit, wie hoch auch immer die Wellen der Kritik schlagen, mit ungebrochenem Selbstbewußtsein auf gewohnten Bahnen fortfahren. Auch diese Möglichkeit hat im Rahmen der Wirtschaftswissenschaften reale Gestalt angenommen als eine Aufspaltung in Schulen, die sich gegenseitig z.T. nur unzureichend zur Kenntnis nehmen, sich dabei aber, je weniger sie einander in direkter Auseinandersetzung zu widerlegen trachten, um so leichter in pauschalen Etikettierungen und Diffamierungen ergehen.[89]

Mit der unvermeidbaren Anerkennung des aprioristischen Charakters der Ökonomie, mit der Aufdeckung des empiristischen Bewußtseins als nachweisbar falschen Bewußtseins, wird die Teilnahme an einer solchen, offenbar fragwürdigen (und gleichwohl aus der Logik empirischer Kausalwissenschaften ihrer Möglichkeit nach ableitbaren) Praxis vorwerfbar. Sie wird im strengen Sinn unwissenschaftlich, denn es gelten jetzt andere, strengere Regeln – die methodisch-methodologische Grundnorm der Logik der aprioristischen Handlungswissenschaft ist die Regel des ‚hic Rhodos, hic salta': Für jede Behauptung muß im Prinzip sofort der Beweis angetreten werden können, oder sie muß aufgegeben werden; ebenso muß der Nachweis der Fehlerhaftigkeit eines bestimmten Theorems auf der Stelle geliefert werden können, und es ist unzulässig, irgendein Theorem durch beiläufige Hinweise abzutun, wenn man es nicht logisch strikt widerlegen kann; und schließlich sind keinerlei Ausweichmanöver als Antworten auf Kritiken mehr möglich, außer dem an Ort und Stelle zu erbringenden Nachweis der logischen Fehlerhaftigkeit einer solchen Kritik.

Ob alle diejenigen, die Wirtschaftstheorie betreiben bzw. zu betreiben meinen, sich derart verschärften Anforderungen unterwerfen können und/oder wollen, wird man bezweifeln dürfen. In jedem Fall läßt sich aber mit Sicherheit sagen, daß Hypothesen, die, als empirisch-kausalwissenschaftliche Hypothesen mißverstanden, heute noch regelmäßig als ehrenwerte, empirisch überprüfte oder zu überprüfende Behauptungen vorgetragen werden (können), dann reihenweise endgültig zu Grabe getragen werden müssen, wenn man die tatsächlich zuständigen Spielregeln aprioristischer Wissenschaften auf sie anwendet: Cost-push-Inflationstheorien, das (gewerkschaftliche) Kaufkraftargument, Keynessche Widerlegungen des Sayschen Gesetzes, Mindestlohntheorien, die Theorie des Ricardo-Effektes, nicht-monetaristische Konjunkturtheorien – dies sind nur einige Stichworte für Theoreme, die logisch das nicht leisten, was sich die entsprechenden Proponenten regelmäßig selbst von ihnen versprechen.

Die entscheidende praktische Konsequenz für die Rolle des Wirtschaftstheoretikers, die sich aus der Anerkennung des aprioristischen Charakters der Ökonomie ergibt, ist der drastisch erhöhte Zwang zu logischer Argumentation, diskursivem Räsonnement und deduktiver Ableitung. – In völliger Umkehrung dessen, was G. Schmölders für die Wirtschaftswissenschaften fordert,[90] brauchen wir nicht mehr „Fleiß und Mannesmut", sondern in der Tat mehr „Scharfsinn und logische Spitzfindigkeit".[91] Aber wir brauchen diesen vermehrten Scharfsinn gerade nicht, um die Ökonomie naturwissenschaftlichen Idealen näherzubringen, sondern um ökonomische Theoreme endlich ausdrücklich als das zu behandeln, was sie, sofern sie überhaupt ‚Theorie' sind, logisch sein müssen: Aussagen einer aprioristischen Handlungswissenschaft.

Anmerkungen

Anmerkungen zu Kapitel 1

1 Vgl. hierzu z.B. Ezekiel/Fox, Methods of Correlation and Regression Analysis, New York 1966; Rao/Miller, Applied Econometrics, Belmont 1971; Pindyck/Rubinfeld, Econometric Models and Economic Forecasts, New York 1976.

2 Vgl. hierzu z.B. L. Robbins, The Nature and Significance of Economic Science, London 1935; L. v. Mises, Human Action. A Treatise on Economics, Chicago 1966. – Die Kritik der logischen (Gegensatz: mathematischen) Ökonomen verdient darum besonders hervorgehoben zu werden, weil sie deutlich macht, daß es keineswegs – wie von Ökonometrikern regelmäßig behauptet – um die Alternative ‚mathematische vs. literarische Ökonomie' geht.

3 Vgl. H. Blalock, Causal Inferences in non-experimental research, Chapel Hill 1964; ders., Theory Construction, Englewood Cliffs 1969; ders. (ed.), Causal Models in the Social Sciences, Chicago 1971; Namboodiri/Carter/Blalock, Applied Multivariate Analysis and Experimental Design, New York 1975; O.D. Duncan, Path-analysis: sociological examples, in: Blalock (ed.) 1971; ders., Introduction to Structural Equation Models, New York 1975; Goldberger/Duncan, (eds.) Structural Equation Models in the Social Sciences, New York 1973; außerdem vgl. D. Heise, Causal Analysis, New York 1975.

4 Es folgt hieraus, daß man das Konstanzprinzip keineswegs als bloß kontingentes methodisches Prinzip auffassen kann: dies wäre nur möglich, wenn man gleichzeitig behauptete, als menschliches Wesen *ausschließlich* mit der Registrierung von ‚Erfahrungen' in der obigen Bedeutung auskommen zu können. Vgl. hierzu auch F. Kambartel, Erfahrung und Struktur, Frankfurt/M. 1968, Kap. 3, insb. S. 91ff.; außerdem: H.H. Hoppe, Handeln und Erkennen, Bern 1976, S. 85ff. sowie Kap. 4.

5 Zur Explikation menschlicher Handlungen qua intentionaler Handlungen vgl. L. v. Mises, Human Action, Chicago 1966, Kap. I.

6 In der ökonomischen Theorie wird der Zustand in bezug auf menschliches Handeln, der durch die Unterstellung des Konstanzprinzips impliziert ist, als ‚evenly rotating economy' bezeichnet und z.B. (unsere obigen Ausführungen weiter illustrierend) so beschrieben: „The evenly rotating economy is a fictious system in which the market prices for all goods and services coincide with the final prices. There are in its frame no price changes whatever; there is perfect price stability. The same market transactions are repeated again and again. The goods of higher orders pass in the same quantities through the same stages of processing until ultimately the produced consumers' goods come into the hands of the consumers and are consumed. No changes in the market data occur. ... The essence of this imaginary construction is the elimination of the lapse of time and of the perpetual change in the market phenomena. The notion of any change with regard to supply and demand is incompatible with this construction. Only such changes as do not affect the configuration of the price-determining factors can be considered in its frame. It is not necessary to people the imaginary world of the evenly rotating economy with immortal, non-aging and non-proliferating men. We are free to assume that infants are born, grow old, and finally die, provided that total population figures and the number of people in every age group remain equal. Then the demand for commodities whose consumption is limited to certain age groups does not alter, although the individuals from whom it originates are not the same." v. Mises, a.a.O., S. 247.

7 Vgl. hierzu wie zur vorangehenden Fußnote auch folgende Feststellungen: „The imaginary construction of an evenly rotating system is a limiting notion. In its frame there is in fact no longer any action. Automatic reaction is substituted for the conscious striving of thinking man after the removal of uneasiness. ... Action is to make choices and to cope with an uncertain future. But in the evenly rotating economy there is no choosing and the future is

not uncertain as it does not differ from the present known state. Such a rigid system is not poepled with living men making choices and liable to error; it is a world of soulless unthinking automatons; it is not a human society, it is an ant hill". v. Mises, a.a.O., S. 249 . . . S 248.

8 Vgl. zu diesem Argument wie auch zu den folgenden Ausführungen K.R. Popper, Das Elend des Historizismus, Tübingen 1971, insb. S. XI–XII; außerdem siehe auch F.A. v. Hayek, The Theory of Complex Phenomena; ders., Rules, Perception and Intelligibility, beides in: ders., Studies in Philosophy, Politics and Economics, New York 1969.

9 *Daß* man miteinander argumentieren kann, darüber kann man selbstverständlich nicht mehr argumentieren: ein Solipsismus ist unverteidigbar, denn würde man ihn argumentativ verteidigen zu können glauben, so hätte man ihn bereits über Bord geworfen. Vgl. zu diesem Anti-Solipsismus-Argument z.B. K.R. Popper, Language and the Body-Mind Problem, in: ders., Conjectures and Refutations, London 1969. „This, I think, solves the so called problem of ‚other minds'. If we talk to other people, and especially if we argue with them, then we *assume* (sometimes mistakenly) that they also argue: that they speak *intentionally* about things, seriously wishing to solve a problem, and not merely behaving as if they were doing so. It has often been seen that language is a social affair and that solipsism, and doubts about the existence of other minds, become self-contradictory if formulated in a language. We can put this now more clearly. In arguing with other people (something which we have learnt from other people), for example about other minds, we cannot but attribute to them intentions, and this means, mental states. We do not argue with a thermometer." A.a.O., S. 297; vgl. außerdem: ders., Epistemology without a Knowing Subject; ders., On the Theory of the Objective Mind; beides in: ders., Objective Knowledge, Oxford 1972 (vgl. insb. S. 119ff sowie S. 235ff.).

Vgl. zu einer ähnlichen sprachtheoretischen Überwindung des Solipsismus auch K.O. Apel, Transformation der Philosophie Bd. II, Frankfurt/M. 1973 (insb. die 7 Abhandlungen des zweiten Teils); außerdem J. Habermas, Legitimationsprobleme im Spätkapitalismus, Frankfurt/M. 1973 (Fußnote 160, S. 152–3).

10 Popper (Das Elend des Historizismus, Tübingen 1971, S. XII) konstatiert in diesem Zusammenhang: Es ist „keinem wissenschaftlichen Prognostiker – gleichgültig ob Mensch oder Rechenmaschine – möglich, mit wissenschaftlichen Methoden seine eigenen zukünftigen Resultate vorherzusagen. Ein Versuch, das zu tun, kann sein Ziel nur post festum erreichen: die Prognose kommt zu spät. Wenn er sein Ziel erreicht, hat sich die Prognose in eine Retrognose verwandelt".

11 Es läßt sich also (in Kantischer Redeweise) konstatieren, daß ‚Notwendigkeit' (d.i. Naturkonstanz) ‚Freiheit' (d.i. einen lernenden, hinsichtlich seiner Aktivitäten unverursachten Verstand) als Bedingung seiner Möglichkeit voraussetzt.

12 Es ist vielleicht interessant anzumerken, daß die gleiche Illusion auch für Gott wieder entstehen müßte, würde man annehmen, auch er lernte. In gleicher Weise müßte sie auch entstehen, würde man ihm Allmächtigkeit zuschreiben: zur Allmächtigkeit gehörte nämlich ersichtlich auch das Vermögen, lernen zu können, z.B. im Vollzug von Lernvorgängen bestimmte Gesetze außer und andere an ihrer Stelle in Kraft zu setzen.

Freilich kann Gott, wenn er allmächtig ist, nicht gleichzeitig allwissend sein (jedenfalls kann unser, der menschliche Verstand dies nicht widerspruchsfrei denken!): denn wenn er allwissend ist, d.h. wenn er immer schon weiß, was er jemals wissen wird, kann er selbstverständlich nicht als Allmächtiger zu irgendeinem Zeitpunkt beschließen, die Geltung dieses Gewußten durch Schaffung gerade völlig neuer Tatsachen außer Kraft zu setzen.

13 Die Sätze (1) und (2) werden übrigens implizit auch in der gerade als ‚logischer Unsinn' klassifizierten Behauptung als zutreffend unterstellt: man behauptet, daß man aus Erfahrung lernen kann, und man gibt außerdem zu, daß man nicht wissen kann, mit welchem Wissen (d.i. mit welcher konkreten Voraussagegleichung) man sich eines Tages vielleicht zur Ruhe setzen wird.

14 Es versteht sich von selbst, daß mit der logischen Unsinnigkeit einer kausalen Interpretation derartiger Zusammenhänge naturgemäß auch die Möglichkeit entfällt, den einzelnen sogenannten Ursachevariablen ein vergleichendes ‚Mehr' oder ‚Weniger' an Erklärungskraft zuzuschreiben. (Dies geschieht bekanntlich üblicherweise, wenn man die Variablen standardisiert und man es dann mit unter statistischen Gesichtspunkten hinsichtlich ihrer Größe vergleichbaren betas (Pfadkoeffizienten) anstelle unvergleichbarer b's (Regressionskoeffizienten) zu tun hat.) Da, wo es keine Ursache gibt, kann es logischerweise auch keine mehr oder weniger bedeutenden Ursachen geben.

15 Nimmt man eine objektiv identische und als identischer Netzhauteindruck erscheinende Situation anders wahr, und ist der Ausgangspunkt der Handlung somit ein logisch anderer? Und/oder verwendet man andere Mittel, bei dem Versuch, aus einer gegebenen Ausgangssituation in einen demgegenüber präferierten Zielzustand zu gelangen? Und/oder versucht man andere Handlungsziele zu realisieren?

16 Zwei allerdings über den Rahmen dieser Abhandlung hinausführende Fragen tauchen vermutlich an dieser Stelle auf (sie werden detailliert in den zwei folgenden Abhandlungen erörtert:

(1) Wenn die Suche nach ‚Ursachen' im Bereich menschlichen Erkennens und Handelns logisch unsinnig ist und es dort allein Fakten gibt, die in kontingenter Weise mit bestimmten Akten des Erkennens und/oder Handelns assoziiert (kovariiert) sind, folgt dann nicht zwangsläufig, daß der (Sozial-)Wissenschaftler damit jeder Möglichkeit entbehrt, bestimmte Fakten gegenüber anderen als in irgendeinem objektivierbaren Sinn ‚relevantere' Antezedenzereignisse bestimmter Handlungen oder Wissenszustände hervorzuheben? Sind nicht, wenn kein Ereignis als ‚Ursache' aus der unendlichen Vielzahl von Antezendenzereignissen ausgesondert werden kann, im Prinzip alle diese unzähligen Ereignisse (qua ‚zufällig' mit der erklärungsbedürftigen Variable assoziierte) gleichberechtigt? Die Antwort auf diese Frage – hier ohne detaillierte Begründung vorgetragen – ist: nein! Wenn etwas nicht als ‚Ursache' von etwas hervorgehoben werden kann, folgt logisch nicht, daß es nicht Fakten gibt, die nicht im gleichen Zusammenhang als etwas anderes (was *keine* Ursache ist!) hervorgehoben werden könnten. Es lassen sich z.B. ‚Gründe' oder ‚Motive' für eine bestimmte Handlung oder eine bestimmte Erkenntnisleistung aus der unendlichen Vielzahl von Antezendenzereignissen hervorheben: Gründe oder Motive sind dabei solche Ereignisse, die der ‚Urheber' dieser Phänomene selbst als entscheidend für ihr Zustandekommen angibt bzw. auf entsprechendes Befragen angeben würde, und die im Unterschied zu ‚Ursachen' nicht eine ganze Phänomen*klasse* ex ante erklären sollen, sondern ‚nur' (ex post) ein raum-zeitlich bestimmtes, individuelles Ereignis dieser Klasse. (Zwei raum-zeitlich konkretisierbare Phänomene derselben Klasse können somit zwei verschiedenartige Gründe haben, während gemäß der Aussage des Konstanzprinzips ihre ‚Ursache' gleichartig, d.i. vom gleichen Typ sein muß, da auch das zu erklärende Phänomen gleich ist, d.i. zur gleichen Klasse gehört.)

Daß das Studium von ‚Gründen' objektivierbare Ergebnisse zutagefördern kann und doch nichts mit dem von ‚Ursachen' zu tun hat, zeigen vermutlich am anschaulichsten Untersuchungen zur Wissenschaftsgeschichte (vgl. exemplarisch etwa G. Holton, Thematic Origins of Scientific Thought, Cambridge 1975): es läßt sich z.B. eine Menge Überprüfbares über die Entstehungsgründe und -motive der Relativitätstheorie sagen (das ist Holtons Hauptthema), aber wer wollte behaupten, man (Einstein selbst eingeschlossen) hätte die Relativitätstheorie aufgrund der Kenntnis von Ursachen voraussagen können!

(2) Wenn Handlungen und Erkenntnisleistungen nicht aufgrund von Ursachen vorausgesagt werden können, bedeutet dies, daß Prognosen im Bereich menschlichen Handelns und Erkennens überhaupt unmöglich sind? Auch diesmal ist die – wiederum nur skizzierte – Antwort ‚nein': Es bedeutet lediglich, daß es keine durch kontingente Erfahrungen *falsifizierbare* Prognosen auf der Grundlage *empirischer Gesetzmäßigkeiten* gibt. Es kann aber durchaus durch kontingente Erfahrungen *nicht-falsifizierbare* Prognosen auf der Grundlage *reiner Verstandeswahrheiten* geben. – Zu solchen (logischen) Prognosen (und nicht, entsprechend einem Selbstmißverständnis vieler Ökonomen: zu empirischen Prognosen) gehören die aus den Theoremen der reinen ökonomischen Theorie ableitbaren Voraussagen, etwa die aus der modernen Fassung der Quantitätstheorie abgeleitete Prognose, daß eine z.B. auf eine staatliche Entscheidung zurückgehende Erhöhung der Geldmenge (Geld einschließlich fiduziärer Medien wie Zirkulationskredite) bei konstanter Warenmenge und konstanter Nachfrage nach als Barreserve gehortetem (d.i. nicht als Austausch-Medium auftretendem) Geld, (logisch) notwendig zu einem Kaufkraftverlust des Geldes (Inflation) führen muß. (Vgl. hierzu im Detail, L. v. Mises, Human Action. A Treatise on Economics, Chicago 1966, insb. S. 408ff.; sowie ders., The Theory of Money and Credit, New York 1971.) – Sofern es im Bereich menschlichen Handelns und Erkennens Prognosen gibt, *muß* es sich immer, wie im angeführten Beispiel, um Prognosen handeln, die *logisch* zutreffen, sofern die Annahmen, von denen sie ausgehen, faktisch vorliegen. Die Ökonomie ist dabei die Wissenschaft, die die logischen Konsequenzen bestimmter, vorausgesetzter Handlungen bzw. Entscheidungen hinsichtlich von ‚Gütern' in angenommenen Situationskontexten untersucht und die diese gegebenenfalls mit

den subjektiv intendierten Zielen vergleicht. (Zur Entfaltung der Ökonomie als apriorischer Wissenschaft und zur Kritik des häufigen Selbstmißverständnisses der Ökonomie als empirischer Wissenschaft vgl. vor allem L. v. Mises, Human Action, Chicago 1966; sowie L. Robbins, The Nature and Significance of Economic Science, London 1935.)

Anmerkungen zu Kapitel 2

1 In dieser allgèmeinen Form, glauben wir, könnten der Aussage so einflußreiche wie sich dann im Detail unterscheidende Wissenschaftslogiker wie K.R. Popper (Logik der Forschung, Tübingen 1969), E. Nagel (The Structure of Science, New York 1961) und C.G. Hempel (Aspects of Scientific Explanation, New York 1965) zustimmen, wie auch so verschiedenartige und gleichwohl repräsentative Wissenschaftspraktiker wie etwa M. Friedman (The Methodology of Positive Economics, in: ders, Essays in Positive Economics, Chicago 1953), H. Blalock (Causal Inferences in Non-Experimental Research, Chapel Hill 1964) und A. Stinchcombe (Constructing Social Theories, New York 1968).

2 Vgl. D. Hume, A Treatise of Human Nature (ed. Selby-Bigge), Oxford 1970; ders., Enquiry Concerning the Human Understanding, in: ders., Hume's Enquiries (ed. Selby-Bigge), Oxford 1970.

3 Vgl. hierzu wie zum folgenden auch: H.H. Hoppe, Handeln und Erkennen. Zur Kritik des Empirismus am Beispiel der Philosophie D. Humes, Bern 1976, insb. Kap. 3 und 4.

4 Vgl. I. Kant, Kritik der reinen Vernunft, in: ders., Werke in 6 Bänden (ed. Weischedel), Wiesbaden 1956ff., Bd. II; ders., Prolegomena zu einer jeden zukünftigen Metaphysik die als Wissenschaft wird auftreten können, a.a.O., Bd. III.

5 So. z.B. E. Topitsch, Vom Ursprung und Ende der Metaphysik, München 1972, S. 303f.

6 Als Kind seiner Zeit scheint Kant die Newtonische Physik tatsächlich für durch Erfahrung unwiderlegbar gehalten zu haben und somit hinter das mit Hume erreichte erkenntnistheoretische Niveau zurückzufallen. Vgl. z.B. seine Metaphysische Anfangsgründe der Naturwissenschaft S. 20 (a.a.O., Bd. V); außerdem: Prolegomena . . . S. 190/91 (a.a.O., Bd. III).

7 Vgl. hierzu F. Kambartel, Erfahrung und Struktur, Frankfurt/M. 1968, Kap. 3; sowie H.H. Hoppe, a.a.O., Kap. 4.

8 Dabei ist unter einer bestätigenden Erfahrung folgendes zu verstehen: (1) Sie bringt zwar nicht den Beweis der Richtigkeit der Ersterfahrung, weil in Ermangelung eines beobachtbaren, Ereignisse verbindenden Bandes prinzipiell nie ausgeschlossen werden kann, daß ein als ‚Ursache' aufgefaßtes Ereignis nur *scheinbar* regelmäßig mit dem Folgeereignis verbunden ist, sich die Regelmäßigkeit in Wahrheit aber einer zufälligen Korrelation der vermeintlichen Ursache mit einer anderen, unberücksichtigten Variable verdankt und mit Auflösung dieser Korrelation verschwindet. (2) Sie wird aber deshalb *positiv* bewertet, weil sie als Erfahrung gilt, die mit einer anderen Erfahrung im Einklang steht, obwohl sie dieser auch hätte widersprechen können (dann nämlich, wenn im Rahmen der Zweiterfahrung eine im Vergleich zur Ersterfahrung veränderte Form der Regelmäßigkeit des Verhältnisses von Ursache- zu Wirkungsvariable festgestellt worden wäre).

9 Denn die *wahre* Ursache müßte ja, annahmegemäß, eine über die Zeit hinweg immer gleiche Wirksamkeitsform in bezug auf eine gegebene Wirkung zeigen!

10 Eine falsifizierende Erfahrung ergibt (1) die Unwahrheit der durch sie widerlegten Erfahrung, und deklariert (2) die Gegensätzlichkeit beider Erfahrungen zum selbst erklärungsbedürftigen Tatbestand.

11 Einmal wirkt die Ursache so, ein andermal anders – und das ist annahmegemäß ‚erlaubt'!

12 Wäre die vermeintliche Ursache im Fall zweier gegensätzlicher Erfahrungen *nicht* unterschiedlich mit der wahren Ursache korreliert gewesen, so könnten diese Erfahrungen nicht gegensätzlich sein!

13 Eine ‚ungleiche Ursache' ist eine zeitinvariant wirksame Ursache-Variable, die in den beiden als ‚ungleiche Wirkungen' eingestuften Erfahrungsfällen unterschiedliche aktuelle Werte besaß, d.i. eine unterschiedliche, ‚ungleiche' Konstellation aufwies.

14 So, als ob der Verstand etwas macht, was er genausogut auch nicht machen könnte, und er etwas in einer Weise behandelt, das er genausogut auch ganz anders hätte behandeln können!

15 Vgl. hierzu auch K. Lorenz, Vom Weltbild des Verhaltensforschers, München 1968: „Es sind nicht die apriorischen Schematismen unserer Anschauung und unseres Denkens, die willkür-

lich und beziehungslos der außersubjektiven Realität die Form vorschreiben, in der sie in unserer phänomenalen Welt erscheint; stammesgeschichtlich gesehen war es umgekehrt die außersubjektive Realität, die den in äonenlangem Daseinskampf sich entwickelnden Weltbildapparat des Menschen gezwungen hat, ihren Gegebenheiten Rechnung zu tragen." (a.a.O., S. 106) „Im überindividuellen, stammesgeschichtlichen Sinne sind die Formen unserer Anschauung und unseres Denkens genauso aposteriori entstanden wie die unserer Organe, und zwar auf dem Wege einer Empirie, die zwar nicht vom Individuum, wohl aber von der Folge der Generationen ausgewertet werden konnte." (a.a.O., S. 108); siehe außerdem, ders., Die Rückseite des Spiegels. Versuch einer Naturgeschichte menschlichen Erkennens, München 1973; wegen seines erkenntnistheoretischen Reflexionsniveaus heraushebenswert in diesem Zusammenhang, R.C. Lewontin, Adaptation, Scientific American, September 1978; unter stärker philosophischen Aspekten vgl. außerdem H.H. Hoppe, Handeln und Erkennen, Bern 1976, S. 102ff.

16 Vgl. J. Locke, Über den menschlichen Verstand (2 Bände, ed. Winckler), Hamburg 1968, insb. Bd. I, S. 95, S. 480.

17 Dies gilt auch für Berkeley, dessen ‚esse est pericipi' gelegentlich als Beweis des Gegenteils angeführt wird. In Wahrheit wird seine Auffassung aber zutreffender charakterisiert durch die Aussage ‚esse est pericipi posse', die deutlich macht, daß auch er die Fortdauer von Gegenständen außerhalb aktueller Wahrnehmungen annimmt. Im übrigen ist für den Theologen Berkeley auch die erste Aussage mit der Annahme von Substanzen vereinbar, da Gegenstände, wenn nicht von uns, so doch von Gott ununterbrochen wahrgenommen werden. Vgl. hierzu Berkeley, Prinzipien der menschlichen Erkenntnis (ed. Klemmt), Hamburg 1957.

18 Vgl. Locke, a.a.O., S. 95.

19 Zum Verhältnis ‚Substanzvorstellung – Suchen' und zur Ontogenese der Substanzvorstellung vgl. auch J. Piaget, The Construction of Reality in the Child, London 1969, insb. S. 91.

20 Würde an die Stelle der Substanzvorstellung dagegen die Vorstellung treten, daß Gegenstände in der Wahrnehmung spontan wieder-entstehen (Re-Kreationsvorstellung), so müßte die Aktivität des Suchens als sinn- und zwecklose Tätigkeit erscheinen. Ihr entspräche auf der Verhaltensseite vielmehr ein ‚Zusehen und Abwarten': totale Inaktivität.

21 Immerhin müssen wir unseren Lebensmittelladen wiederfinden, und wir können uns nicht darauf verlassen, daß er in unseren Wahrnehmungen, ohne selbst etwas dazu zu tun, spontan wieder-ersteht!

22 ‚Logisch unmöglich' bedeutet, wie im folgenden noch deutlicher werden wird, soviel wie: ‚unmöglich, es sei denn um den Preis eines logischen Widerspruchs (A ist a *und* nicht-a).'

23 Genaugenommen kann man nicht einmal, ohne sich in einen Widerspruch zu verwickeln, behaupten, der Verstand könne konstante Relationen hinsichtlich eigener Zustandsfolgen *entdecken:* denn müßte er sie erst entdecken (d.h.: wüßte er um diese Relationen nicht schon im vorhinein), so wäre dies gleichbedeutend damit, daß er jedenfalls den Übergang vom Zustand *vor* der Entdeckung zu dem *nach* der Entdeckung als a-kausal auffassen müßte, und es würde darüber hinaus die kontradiktorische Behauptung implizieren, daß man entdecken könne, daß man – nach dieser Entdeckung – nichts mehr entdecken kann. – Nur wenn der Verstand seine eigenen Zustandsfolgen zu jedem beliebigen Zeitpunkt immer schon kennt, kann er die Relationen zwischen den Zuständen als konstant konzeptualisieren: dann freilich gibt es für ihn nichts zu entdecken, er weiß vielmehr immer schon, was er jemals wissen wird.

24 Einmal muß ja jedermann, der überhaupt überlebt, faktisch bereits gelernt haben, und im übrigen – und auch darin drückt sich Notwendigkeit aus – kann man den Satz ‚ich kann nicht aus Irrtümern lernen' nicht einmal mit Argumenten verteidigen, ohne damit bereits gezeigt zu haben, daß man es doch kann.

25 Vgl. hierzu K.R. Popper, Das Elend des Historizismus, Tübingen 1971, S. XII.

26 Vgl. zu diesem Anti-Solipsismus-Argument im Detail auch die gleichartigen Analysen bei (ansonsten so unähnlichen Philosophen wie) Popper (ders., Conjectures and Refutations, London 1969; ders., Objective Knowledge, Oxford 1972) und K.O. Apel (Transformation der Philosophie Bd. II, Frankfurt/M. 1973). Vgl. auch Fußnote 9, S. 86.

27 Zum Begriff einer durch doppelte Kontingenz charakterisierten Interaktion zwischen ‚minds' vgl. auch T. Parsons, Social System, New York 1968, S. 10f.

28 Als kontingent (unvoraussagbar) muß ich die Reaktion eines alter ego insofern notwendigerweise konzeptualisieren, als ich, wenn ich zu *argumentieren* meine, immer davon ausgehe,

daß die Bewertung der Validität meiner Argumente logisch unabhängig ist von der Reaktion anderer auf diese Argumente, so daß es z.B. *keinen* logisch notwendigen Übergang von einer *unerwarteten* Reaktion zu einer rückwirkenden Bewertung des Arguments als *falsch* gibt. Kurz: Argumentieren *heißt,* kontingente Reaktionen provozieren; und man würde nicht *argumentieren,* wenn man die Reaktionen nicht als *kontingent* auffaßt!

29 Umgekehrt formuliert: Es wäre kein Wissen, wenn es nicht in Handlungen eingehen könnte. – Dies geschieht dabei, indem durch das Wissen entweder (1) Informationen darüber bereitgestellt werden, an welchem Interventionspunkt (Ursachevariable) manipulativ eingegriffen werden muß, um ein vorgegebenes Ziel (Wirkung) zu realisieren, oder (2) – bei Fehlen einer Eingriffmöglichkeit – Informationen darüber, aufgrund welcher (Ursache-)Ereignisse man sich auf bestimmte andere (Folge-)Ereignisse praktisch einstellen kann. Vgl. hierzu auch: L. v. Mises, Human Action, Chicago 1966, insb. S. 22f.

30 Wiederum umgekehrt formuliert: Etwas wäre kein falsifizierendes Ereignis, wenn es nicht auch ein Handlungsirrtum wäre (sein könnte)!

31 Vgl. hierzu auch das ‚Sprachspiel'-Konzept des späten L. Wittgenstein, Philosophische Untersuchungen, in: ders., Schriften Bd. I, Frankfurt/M. 1963.

32 Zum Verhältnis von Wissen und Handeln vgl. allgemein auch: H.H. Hoppe, Handeln und Erkennen, Bern 1976.

33 Kurz: alles, was wir zu einem gegebenen Zeitpunkt als intentionale Einheit begreifen bzw. begreifen können.

34 Vgl. allgemein zur Bedeutung der ‚deduktiven' Komponente einer im übrigen als Kausalforschung begriffenen wissenschaftlichen Praxis, K.R. Popper, Logik der Forschung, Tübingen 1969, insb. Kap. VI; eher aus der Sicht eines soziologischen Praktikers schreibend, H. Zetterberg, On Theory and Verification in Sociology, Totowa 1965; ders., Theorie, Forschung und Praxis in der Soziologie, in: R. König (ed.), Handbuch der empirischen Sozialforschung 1973; vgl. darüberhinaus R.K. Merton, The Bearing of Sociological Theory on Empirical Research, in: ders., Social Theory and Social Structure, New York 1968.

35 Vgl. zu diesem letzteren Gesichtspunkt auch Merton, The Bearing of Empirical Research on Sociological Theory, a.a.O.

36 Vgl. hierzu L. Robbins, The Nature and Significance of Economic Science, London 1935, Kap. V, insb. S. 112ff., dessen Kritik an der Ökonometrie – Anfang der 30er Jahre vorgetragen – heute eher noch überzeugender erscheint als damals.

37 Fadenscheinig, muß sie doch von der empirisch wenig wahrscheinlichen Hilfsannahme Gebrauch machen, daß trotz aller in der sozialwissenschaftlichen Forschung eingesetzten menschlichen Intelligenz – die langfristig gesehen hinsichtlich Menge und Qualität gewiß mit der der in den Naturwissenschaften zur Anwendung gebrachten vergleichbar ist – ausschließlich dort Erfolge systematisch so lange ausbleiben können, während sie sich in einem anderen Objektbereich kontinuierlich einstellen.

38 Erstaunlicher als die Tatsache, daß der praktische Mißerfolg sozialwissenschaftliche Kausalforschung nicht tatsächlich stärkeren Anlaß zu einer Reorientierung der Forschungspraxis gegeben hat, ist denn auch eher die weitgehende Konsequenzenlosigkeit eines anderen Faktums: des Faktums der Existenz von für die Sozialwissenschaften als charakteristisch herausgestellten ‚self-fulfilling (-destroying) prophecies' (vgl. hierzu etwa R.K. Merton, Self-fulfilling Prophecy, a.a.O.). In der Tat ist nämlich die Existenz des so benannten Phänomens, d.i. des Phänomens, daß Objekte, über deren Verhalten eine angeblich kausalwissenschaftliche Wenn-Dann-Aussage getroffen wird, auf ebendiese Aussage in kontingenter (lernender) Weise reagieren können, unvereinbar mit der Vorstellung, man betreibe Kausalforschung. Eine detaillierte erkenntnislogische Analyse würde zeigen, daß man nicht widerspruchsfrei beides behaupten kann: (1) man habe eine empirische Gesetzmäßigkeit des Handelns formuliert und (2) die Objekte hinsichtlich deren Verhalten die Gesetzmäßigkeit hypothetisch formuliert ist, könnten das entsprechende Gesetz selbst verstehen und kontingent auf diese entsprechende Selbst-Erkenntnis reagieren.

39 Weiter oben (S. 32) wurde nachgewiesen, daß eine sozialwissenschaftliche Kausalforschung nicht erfolgreich sein *kann.* An dieser Stelle nun dürfte, trotz der Höhe der Abstraktion, auf der sich die Argumentation gegenwärtig bewegt, erkennbar werden, daß die sich als Kausalforscher begreifenden Sozialwissenschaftler diese Tatsache selbst insoweit zugeben müssen, als sie jedenfalls in ihrer faktisch zu beobachtenden Praxis gar nicht konsistent kausalwissenschaftlich verfahren (auch, wenn sie dies möglicherweise glauben), sondern sich

offenbar gezwungen sehen, beträchtliche Zugeständnisse an die Praxis einer sich als i.o.a.S. ‚rekonstruktiv' verstehenden Sozialwissenschaft zu machen, um auch nur den *Anschein* erfolgreicher Durchführbarkeit kausalwissenschaftlicher Forschung wahren zu können. – Inkonsistenz kommt zum einen dadurch zum Ausdruck, daß Kausalforscher mitnichten jemals auch nur versucht hätten, in physikalischen Ausdrücken meßbare Größen (etwa durch ein Raum-Zeit-Koordinatensystem beschreibbare Bewegungen oder Nicht-Bewegungen) zu erklären, sondern sie sich tatsächlich ausschließlich auf die Erklärung von Phänomenen beschränken, die vom Standpunkt des Handelnden selbst eine logisch-intentionale Einheit darstellen – eine Beschränkung, die vom Standpunkt der ‚reinen Lehre' nicht nur nicht rechtfertigbar ist, die ihr vielmehr sogar insofern widerspricht, als sie lernfähige (und also: sich als a-kausal begreifende) ‚other minds' voraussetzt, mit denen man sich über die korrekte Abgrenzung von Erklärungseinheiten argumentativ verständigen kann. Und aus identischen Gründen ist mit ihrer Forschungsideologie zum anderen unvereinbar die auch für Kausalforscher zu beobachtende systematische Präferenz, die man bei der Ursachenauswahl sogenannten subjektiven oder weichen Variablen (Motive, Situationseinschätzungen, normative Orientierungen, Kenntnisse u.ä., also Variablen, die sich dadurch auszeichnen, daß sie intentionale Einheiten darstellen, die unabhängig von der Kooperation von other minds als solche gar nicht identifiziert werden könnten) gegenüber objektiven oder harten Variablen gibt. – Mit dieser letzterwähnten (undurchschauten) Inkonsistenz hängt es aber zusammen, daß der Anschein erfolgreicher Kausalforschung entstehen konnte: *Tatsächlich* läßt sich etwa die Relation ‚Motiv-Handlung' widerspruchsfrei nur als *logische* Beziehung denken; aus der Sicht der Handelnden ist das Motiv einer Handlung ein rekonstruierbarer logischer Bestandteil der Handlung selbst, so daß die Substitution eines Motivs durch ein anderes auch eine logisch andere Handlung generierte. Qua logisch zueinander gehörige Einheiten weisen sie nun aber naturgemäß auch stabile kovariative Zusammenhänge auf, auf die die Kausalforscher dann, erkenntnislogisch verwirrt, als stabile empirische Ursache-Wirkung-Relation verweisen. Daher der Anschein von *Erfolg* – aber daher, wegen der zugrundeliegenden unsinnigen (widersprüchlichen) Deutung des Zusammenhangs, auch nur der *Anschein:* Man *erklärt* nicht, beispielhaft gesprochen, ‚Mord' durch ‚Vorsatz und niedrige Beweggründe', sondern beides sind *logische Bestandteile* von Mord, d.i. wenn sie nicht vorliegen, ist etwas kein Mord, sondern (etwa) Totschlag – also eine ganz andere Handlung.

Vgl. zu dieser Kritik am Versuch kausalwissenschaftlicher Handlungstheorien allgemein auch die Arbeiten zur ‚Philosophical Psychology'; z.B. Anscombe, Intention, London 1957; Peters, The Concept of Motivation, London 1958; Melden, Free Action, London 1961; Taylor, The Explanation of Behaviour, London 1964; Gustafson (ed.), Essays in Philosophical Psychology, New York 1964; außerdem siehe auch MacIntyre, A Mistake About Causality in Social Science, in: Laslett/Runcimen, Philosophy, Politics and Society, Oxford 1964; ders., The Unconcious, London 1958; sowie Habermas, Zur Logik der Sozialwissenschaften, Tübingen 1967.

40 Die Analyse nicht-intendierter Handlungsfolgen gehört natürlich nur z.T. zum Gebiet der empirischen Sozialforschung. Diese können zum einen naturwissenschaftlich erklär- und voraussagbare Konsequenzen sein (etwa: das Abroden von Berghängen führt, ob das vom Handelnden beabsichtigt ist oder nicht, bei Hinzutreten einer Reihe weiterer, spezifizierbarer Voraussetzungen aufgrund von Naturgesetzlichkeiten zu Erosionen) – und fallen insoweit naturgemäß in den Gegenstandsbereich nicht der Sozial- sondern der Naturwissenschaften. Sie können zum anderen Konsequenzen praxeologischer Natur sein (etwa: der Rückgang der Nachfrage nach einem Gut A von seiten eines Handelnden führt, beabsichtigt oder nicht, unter logisch exakt spezifizierbaren Voraussetzungen zu Angebotsproblemen auf seiten des entsprechenden Anbieters) – und sind damit Gegenstand einer in Analogie zu Logik und Geometrie als ‚aprioristisch' zu konzeptualisierenden Handlungstheorie: der Ökonomie.[40a] Schließlich kann aber eine Handlung auch nicht-intendierte empirische Konsequenzen im sozialen Bereich haben, indem sie Bestandteil der kontingenten Reaktion eines alter ego wird, dessen Reaktion dann ihrerseits – wieder unbewußt – für einen Dritten ein bedeutungsvolles, handlungsbestimmendes Faktum darstellen kann usw. usw., so daß als Ergebnis intentionalen Handelns ein selbst nicht-intendiertes Interaktionsmuster, d.i. ein nicht bewußt produziertes sozialstrukturelles Merkmal entsteht – und dessen Rekonstruktion ist es (aber natürlich nicht: dessen Voraussage), die sich eine anspruchsvollere empirische Sozialwissenschaft als Aufgabe stellt.

40a Auf den eigentümlichen, nahezu regelmäßig insbesondere auch von Ökonomen selbst mißverstandenen erkenntnislogischen Charakter der Ökonomie soll an dieser Stelle nicht weiter eingegangen werden (dazu siehe das folgende Kapitel dieser Arbeit!). – Nicht-intendierte naturgesetzliche und praxeologische Konsequenzen werden hier überhaupt nur deshalb zur Sprache gebracht, um von ihnen ausdrücklich nicht-intendierte empirische (kontingente!) Konsequenzen sozialer Art als charakteristischem Gegenstand historischer bzw. soziologischer Rekonstruktionen abzugrenzen.

41 Vgl. hierzu z.B. Chomsky, Aspects of the Theory of Syntax, Cambridge 1969, Kap. 1; außerdem Searle, Speech Acts, Cambridge 1969.

42 Vgl. hierzu auch die Untersuchungen Hayeks über die Bedeutung unbewußter Handlungsregeln, die Problematik ihrer Rekonstruktion, sowie die Konsequenzen, die sich aus der Einsicht in die faktische Bedeutung derartiger Regeln für eine Gesellschaftstheorie, insbesondere eine Theorie der gesellschaftlichen Veränderung ergeben. Hayek, Law, Legislation and Liberty, Chicago 1973, insb. Bd. I, Kap. 4: außerdem ders., Studies in Philosophy, Politics and Economics, New York 1969; sowie ders., New Studies in Philosophy, Politics, Economics and The History of Ideas, London 1978.

43 Es soll natürlich nicht gesagt werden, daß Linguisten nicht z.T. ebenso wie Sozialforscher *glauben* Kausalforschung zu betreiben: Selbst Chomsky, dessen Arbeiten an sich das Paradigma einer *rekonstruierenden* Wissenschaft darstellen, ist von solchem Mißverständnis nicht ganz frei (vgl. hierzu Apel, Noam Chomskys Sprachtheorie und die Philosophie der Gegenwart, in: ders., Transformation der Philosophie Bd. II, Frankfurt/M. 1973). Derartige Mißverständnisse sind jedoch in der Sprachwissenschaft weit weniger verbreitet als in der empirischen Sozialforschung, und, darum vor allem die (wiederholte) Verwendung der Analogie, insbesondere für den linguistischen Laien – den empirischen Sozialforscher eingeschlossen – erscheint es in aller Regel klar (und er hat mit dieser Einschätzung auch recht!), daß jedenfalls ‚Grammatik' *keine* Disziplin ist, in der es um kausale Erklärungen geht.

44 Zur Konzeption des Common Law als rekonstruktiv ermittelter Sammlung faktisch befolgter Normen (und nicht: als ‚gesetzter' Normen) vgl. Hayek, Law, Legislation and Liberty Bd. I, Chicago 1973.

45 Deren Zahl selbstverständlich auch nicht = 3 sein muß, wie die vorangehenden Ausführungen vielleicht – in Mißverständnis des nur illustrativ-skizzenhaften Charakters unserer Bemerkungen zum revidierten Selbstbild – nahelegen könnten.

46 Vgl. etwa E. Babbie, Methods of Survey Research, Belmont 1973.

47 Natürlich heißt dies nicht, daß der Überbaurekonstrukteur über eine derart erweiterte Perspektive gar nicht verfügt. Nur: Sie ist für *seine* Arbeit nicht wesentlich.

48 In einer zugegebenermaßen völlig subjektiven Auswahl rechnen wir diesem Typus z.B. in sich so unterschiedliche zeitgenössische Arbeiten zu wie: J. Piaget, Psychologie der Intelligenz, Zürich 1970; ders., Das moralische Urteil beim Kinde, Zürich 1954; T. Parsons, Social System, New York 1968; A. Gehlen, Der Mensch, Bonn 1950; ders., Urmensch und Spätkultur, Bonn 1956; F.A. Hayek, Law, Legislation and Liberty, 3 Bände, Chicago 1973ff.

49 Interessanterweise häufig genug auch von vermeintlichen Kausalforschern, bei denen solche Wertschätzung allerdings mit Unbehagen verbunden sein dürfte.

50 Es gibt genaugenommen zwei Typen von Arbeit, die man – weil mit universalen Strukturen befaßt – als zeitlos bezeichnen kann: Zum einen Arbeiten, die der Erkenntnistheorie zugerechnet werden, und die sich ausdrücklich – so jedenfalls alle Arbeiten, die in der Kantischen Tradition stehen – mit der Rekonstruktion solcher Strukturen (sei es des Geistes, sei es des Handelns) befassen, die apriorischer Natur sind, d.i. die zugleich universal und notwendig sind in dem Sinn, wie das oben (S. 24 f.) hinsichtlich der Substanzvorstellung demonstriert wurde: wir können ohne sie nicht auskommen und keine unserer wie auch immer gearteten Handlungen könnte ihre Veränderung mit Aussicht auf Erfolg anstreben. Es erscheint uns sinnvoll, nur solche Strukturen als *streng* universal aufzufassen. – *Quasi*-universal dagegen nennen wir die Strukturen, deren Rekonstruktion Arbeiten des zweiten hier anzusprechenden Typs bieten. Es handelt sich dabei um Arbeiten, wie sie vor allem aus dem Umkreis der Ethologie (namentlich insbesondere K. Lorenz und I. Eibl-Eibesfeld) kommen. Diese Arbeiten, eher als solche des ersten Typs als ‚sozialwissenschaftlich' einzustufen, rekonstruieren z.T. ‚nur' Strukturen, die zwar ebenfalls von universeller empirischer Geltung sein können, deren universelle Geltung aber nicht a priori als notwendig bzw. unvermeidlich angesehen werden kann. Sie ist vielmehr insofern kontingenter Natur, als die Veränderung

solcher Strukturen, wenn sie auch faktisch nicht vorkommt, weil entweder niemand sie will (sei es, weil man gar nicht auf die entsprechende Idee kommt, sei es, weil jeder der Auffassung ist, daß eine Veränderung empirische Konsequenzen hätte, die gegenüber der Ausgangssituation für jeden einzelnen nachteilig wären), oder weil sie, obwohl sie gewollt wird, faktisch aufgrund der Wirksamkeit irgendeines Mechanismus nicht durchgeführt werden kann, so doch in folgender Hinsicht jedenfalls nicht undenkbar erscheint: Im Hinblick auf sie kann, ohne damit einsehbar logischen Unsinn zu reden, behauptet werden, daß ihre Veränderung im Verlauf des (u.U. durch Einsatz bestimmter Selektionsprinzipien planvoll steuerbaren) weiteren, zukünftigen Evolutionsprozesses der Gattung prinzipiell möglich ist, indem in dessen Verlauf das vorher nicht Gewollte nun – aus welchen Gründen immer – gewollt werden kann und/oder indem die vorher bestehende faktische Realisierungshemmung nicht mehr länger besteht, ohne daß dabei der Bestand der Gattung prinzipiell gefährdet sein muß.

51 Umgekehrt läßt sich feststellen, daß überall dort, wo die Idee der Freiheit fehlt, auch die von Naturgesetzlichkeit als bewußte Idee nicht existiert: das Weltbild ist in solchen vor-modernen Gesellschaften vielmehr durch einen ‚naiven Monismus' (Popper) bzw. durch einen ‚moralischen Realismus' (Piaget) gekennzeichnet, für den jedes Geschehen (menschliches Handeln *und* Naturgeschehen) unterschiedslos gleichzeitig notwendig ist *und* einer moralischen Kontrolle durch übernatürliche Instanzen unterliegt. Vgl. zu dem gesamten hier angesprochenen Themenkomplex wie auch zum folgenden: Popper, Die offene Gesellschaft Bd. I, Bern 1970; Piaget, Das moralische Urteil beim Kinde, Zürich 1954; Werner, Einführung in die Entwicklungspsychologie, München 1970; Kohlberg, Stage and Sequence, in: Goslin (ed.), Handbook of Socialization Theory and Research, Chicago 1969.

52 Vgl. die vorstehende Fußnote für weitere Details.

53 Vgl. zur Kritik der Ideologie des konstruktivistischen Rationalismus vor allem Hayeks Werk, Law, Legislation and Liberty, insb. Bd. I, Chicago 1973.

54 Vgl. zur sogenannten Displacement Hypothesis R. Bernstein, Praxis and Action, London 1971, insb. S. 281 ff.

Anmerkungen zu Kapitel 3

1 P. Samuelson, Economics, New York 1976.

2 M. Friedman, The Methodology of Positive Economics, in: ders., Essays in Positive Economics, Chicago 1953.

3 G. Schmölders, Verhaltensforschung im Wirtschaftsleben, Reinbek 1978.

4 G. Katona, Psychological Analysis of Economic Behavior, New York 1951.

5 Vgl. hierzu als repräsentatives Beispiel die Beiträge zur inzwischen vielbändigen Studie: J. Morgan u.a., Five Thousand American Families, Patterns of Economic Progress (Panel Study of Income Dynamics), Ann Arbor 1974 ff.

6 Als eine recht typische Definition kann etwa die folgende gelten: „Wer die theoretische Nationalökonomie als Realwissenschaft auffaßt – und das trifft sicherlich für einen großen Teil moderner Nationalökonomen zu –, der wird im allgemeinen zu der Auffassung gelangen, daß sich letzten Endes alle in ihr untersuchten Erscheinungen im wesentlichen auf menschliches Verhalten, auf die Stellungnahmen, Entscheidungen und Handlungen von Personen, zurückführen lassen. Die Theorie spricht von Wirtschaftssubjekten, die in ihrer Eigenschaft als Konsumenten, Arbeiter, Kapitalbesitzer, Unternehmer usw. in Erscheinung treten und sich nach gewissen Gesichtspunkten verhalten, die es zu untersuchen gilt. Es handelt sich also um Handlungen gewisser Rollenträger, und die Nationalökonomie schneidet aus der Rollenstruktur der Gesellschaft gewissermaßen einen Bereich heraus, den sie für ökonomisch relevant und unter einigermaßen einheitlichen theoretischen Gesichtpunkten analysierbar hält. – Da im Zentrum des ökonomischen Denkens seit der Entstehung der modernen Nationalökonomie die Marktphänomene standen, schienen für die ökonomische Analyse vor allem marktbezogene Rollen und Rollensegmente der Sozialstruktur in Frage zu kommen. . . . Es ist also nicht ganz unbegründet, wenn man die Nationalökonomie ihrer Problemstellung nach als eine partielle Soziologie auffaßt, und zwar vorwiegend als eine Soziologie der kommerziellen Beziehungen!" H. Albert, Modell-Platonismus. Der neoklassische Stil ökonomischen Denkens in kritischer Beleuchtung, in: E. Topitsch (ed.), Logik der Sozialwissenschaften, Köln 1968, S. 406.

7 P. Samuelson, Economics, (10. Aufl. 1976) – als das weltweit gesehen zweifellos erfolgreichste Ökonomie-Lehrbuch der Nachkriegsära ist ein Paradebeispiel für solche thematischen Überschneidungen.

8 L. Robbins, The Nature and Significance of Economic Science, London 1935, insb. Kap. I; vgl. außerdem P.H. Wicksteed, The Common Sense of Political Economy (ed. Robbins), New York 1967, insb. Bd. I, Kap. V.

9 Vgl. C. Menger, Grundsätze der Volkswirtschaftslehre, Wien 1871; E.v. Böhm-Bawerk, Kapital und Kapitalzins, 2. Abt., Positive Theorie des Kapitals, Neuauflage der 4. Ed., Meisenheim 1961.

10 Vgl. C. Menger, Untersuchungen über die Methoden der Sozialwissenschaften, Leipzig 1882; E.v. Böhm-Bawerk, Schriften Bd. I, (ed. F.X. Weiss), Wien 1924, insb. II. Hauptabschnitt. Zur allgemeinen Theorie und zur Methodenlehre.

11 Seine diesbezüglichen Untersuchungen finden sich in: L.v. Mises, Human Action. A Treatise on Economics, Chicago 1966; ders., Grundprobleme der Nationalökonomie, Jena 1933; ders., The Ultimate Foundation of Economic Science, Princeton 1962; ders., Theory and History, New Haven 1957. – Neben den Arbeiten Mises' ist in erster Linie hervorzuheben L. Robbins, The Nature and Significance of Economic Science, London 1935; während Robbins die Ökonomie zwar klar als eine aprioristische Wissenschaft *darstellt*, *sagt* er doch nirgends explizit, daß es dies ist, was er tut. Weniger klar, dafür aber mit expliziter Erwähnung des aprioristischen Charakters ökonomischer Theoreme: F.H. Knight, What is Truth in Economics, in: ders., On The History and Method of Economics, Chicago 1956; ders., The Limitations of Scientific Method in Economics, in: ders., The Ethics of Competition, New York 1935; wichtig ist außerdem F.A. Hayek, The Theory of Complex Phenomena, in: ders., Studies in Philosophy, Politics and Economics, New York 1969; ders., Pretence of Knowledge, in: ders., New Studies in Philosophy, Politics, Economics and The History of Ideas, London 1978; Hayek ist zwar nicht vom aprioristischen Charakter der Ökonomie überzeugt, jedoch hat uns nicht zuletzt seine Empirismuskritik und seine Ausführungen über ‚pattern predictions' überzeugt, daß man die Ökonomie gar nicht anders auffassen *kann*.

12 Um sich hiervon ein Bild zu verschaffen, lese man L. v. Mises, Erinnerungen, Stuttgart 1978; zu seiner Geringschätzung der Mehrzahl seiner Fachkollegen vgl. Human Action, S. 872–76; sowie ders., Economic Teaching at the Universities, in: ders., Planning for Freedom, South Holland 1974.

13 Vgl. etwa Human Action, S. 55/56.

14 Dabei spiele es übrigens keine Rolle, so läßt sich anfügen, ob es sich bei der vorausgesetzten Handlung um eine alltagssprachlich als ökonomisch bezeichnete handele: *Jede* gegebene Handlung ist (qua Wahlakt) einer ökonomischen Analyse zugänglich – aber die Erklärung (Prognose) der gegebenen Handlungen ist *niemals* Aufgabe der Wirtschaftswissenschaft.

15 Vgl. zu einer entsprechenden Argumentation etwa G. Schmölders, Verhaltensforschung im Wirtschaftsleben, Reinbeck 1978, insb. S. 13ff.

16 Dies ist u.E. die Position, die von H. Albert vertreten wird. Vgl. außer seinem o.a. Aufsatz (Fußn. 6, S. 93) allgemein ders., Ökonomische Ideologie und Politische Theorie, Göttingen 1972; ders., Marktsoziologie und Entscheidungslogik, Neuwied 1967. – Bei der Durchsetzung eines empiristischen Bewußtseins für die Ökonomie in Deutschland kommt diesen Arbeiten Alberts sicher ein großes (von der hier zu verteidigen gedachten Position freilich höchst fragwürdiges) Verdienst zu.

17 Das gilt vor allem für die Schule der ökonomischen Verhaltensforschung, die sich mit der Erklärung sogenannten wirtschaftlichen Verhaltens beschäftigt.

18 So läßt sich das Geschäft der o.a. orthodoxen Ökonomie-Schulen interpretieren, wenn sie die Konsequenzen vorausgesetzter Handlungen nicht (wie die reine Theorie) als logische Konsequenzen (bei vorausgesetztem Datenkontext), sondern als empirische Konsequenzen (im Rahmen eines als kontingent behandelten Kontextes) auffaßt und entsprechend zu erklären sucht. – Die monetaristische Konjunkturtheorie Friedmans – und ihre Erfahrungstests – (vgl. etwa Friedman, A Monetary and Fiscal Framework for Economic Stability, in: ders., Essays in Positive Economics, Chicago 1953; ders., The Quantity Theory of Money – A Restatement, in: ders. (ed.), Studies in the Quantity Theory of Money, Chicago 1956; Friedman/Schwartz, A Monetary History of the US, Princeton 1971; außerdem auch ders., Capitalism and Freedom, Chicago 1962, Kap. 3) läßt sich so z.B. als empiristisches Gegenstück zur sogenannten österreichischen Theorie des Konjunkturzyklus – und dem logischen

Nachweis ihrer Validität – Mises' auffassen (vgl. Mises, Human Action, Chicago 1966, Kap. XX; ders., The Theory of Money and Credit, New York 1971).

19 Er findet sich im Vorwort zu: Popper, Das Elend des Historizismus, Tübingen 1971, S. XI–XII.

20 Weder bei H. Albert (vgl. Fußn. 16, S. 94), noch bei G. Fleischmann (Nationalökonomie und sozialwissenschaftliche Integration, Tübingen 1966), denen bekanntlich ein Großteil des Verdienstes zukommt, Popper den Ökonomen in Deutschland schmackhaft gemacht zu haben, finden sich z.B. Äußerungen bzw. Stellungnahmen zu dem Argument.

21 Es dürfte klar sein, daß mit dieser Aussage auch behauptet wird, daß Popper sich selbst über die Bedeutung und Tragweite seines Arguments u.E. nicht völlig im klaren befindet. Vgl. hierzu auch unten S. 48 f.

22 Vgl. zu diesem Beweis auch die beiden vorangehenden Abhandlungen dieser Arbeit, in denen der entsprechende Beweis in denkbar größter Detaillierung und mit erhöhtem Aufwand an erkenntnistheoretischer ‚Sophistication' geführt wird.

23 Natürlich kann man zu seinen Hunden und Katzen sagen ‚du kannst nicht lernen', ohne sich damit selbst zu widersprechen. Aber von Hunden und Katzen unterstellen wir auch nicht, daß wir mit ihnen argumentieren können. Nur wenn man mit dem Adressierten anerkanntermaßen in eine Diskussion eintreten kann, gerät die Aussage zum Widerspruch. Vgl. hierzu auch Poppers wichtigen Aufsatz Language and The Body Mind Problem in: ders., Conjectures and Refutations, London 1969, insb. das sogenannte Machine Argument (S. 296f.). Er gelangt dort zu einem identischen Resultat. „In arguing with other people (a thing which we have learnt from other people), for example about other minds, we cannot but attribute to them intentions, and this means mental states. We do not argue with a thermometer." (S. 297) Vgl. auch Fußn. 9, oben S. 86.

24 Diesen unauflöslichen epistemologischen Zusammenhang von Wissen und Handeln haben in unterschiedlicher Weise z.B. behandelt, C.S. Peirce, Schriften (2 Bände, ed. Apel), Frankfurt/M. 1967f., (insb. Wie unsere Ideen zu klären sind, Bd. I); L. Wittgenstein, Philosophische Untersuchungen, in: ders., Schriften Bd. I, Frankfurt/M. 1963; J. Piaget, Psychologie der Intelligenz, Zürich 1970.

25 Für denjenigen, der, durch die dominierenden empiristischen Wissenschaftsphilosophien verwirrt, in seinem Weltbild neben den reinen Wissenschaften (Logik und Mathematik) nur für empirisch-kausalanalytische Wissenschaften Platz hat, mag dies Ergebnis dramatisch anmuten. Ein solcher Eindruck ist jedoch durchaus unangebracht. Wenn eine empirische Sozialwissenschaft nicht prognostisch verwertbares Wissen hervorbringen kann, so steht man als empirischer Sozialforscher keineswegs vor einem methodisch-methodologischen Nichts: (vgl. zum folgenden auch die detaillierteren Ausführungen in der zweiten Abhandlung dieser Arbeit). Die Geschichtswissenschaft hat sich seit jeher in ihrer Mehrheit als rekonstruierende Wissenschaft verstanden; und auch ein Großteil gemeinhin als wichtig eingestufter soziologischer Arbeiten (wie z.B. M. Weber, Wirtschaft und Gesellschaft, (2 Bände, ed. Winckelmann), Tübingen 1972ff.; oder: R. Dahrendorf, Demokratie und Gesellschaft in Deutschland, München 1971) läßt sich zwanglos in diesem Sinn als (mehr oder weniger verstärkt systematisierende und abstrahierende) Historie auffassen. – Aber mehr noch: Es gibt auch das Beispiel einer hochentwickelten, z.T. höchste technisch-formale Anforderungen stellenden rekonstruierenden Wissenschaft, von der sich die empirische Sozialforschung ihr methodologisches Paradigma holen kann (wenn das der Physik doch nachweisbar ungeeignet ist, und das der Historie nicht gefallen sollte). Es handelt sich um das von der Wissenschaftstheorie bezeichnenderweise weitgehend unbeachtet gebliebene Beispiel der Linguistik – mit so fortgeschrittenen Teilen wie beispielsweise der Phonologie (vgl. zu einem allgemeinen Überblick etwa J. Lyons, Introduction to Theoretical Linguistics, Cambridge 1968; sowie: L.M. Hyman, Phonology. Theory and Analysis, New York 1975) – deren Erkenntnisziel ganz und gar nicht die Erklärung sprachlicher Äußerungen ist, sondern deren Rekonstruktion aus solchen Bestandteilen (semantischer, syntaktischer, phonologischer Art usw.) und Kombinationsregeln, die, wiewohl dem Sprecher regelmäßig unbewußt, von diesem doch wiederum (*nach* ihrer durch den Linguisten vorgenommenen Rekonstruktion) als die erkannt und anerkannt werden können müssen, die der fraglichen Äußerung als konstitutive Bestandteile tatsächlich zugrunde lagen. – Sich an diesem Paradigma orientierend, wäre der empirische Sozialforscher nicht mehr länger (prognostizierender) Sozial-Technologe, sondern (rekonstruierender Wissenschaftler, der er logisch allein sein kann:) Sozial-Grammatiker: ein Image von sich und

der eigenen Praxis übrigens, das in der Sozialwissenschaft durchaus auch immer vertreten war. (Vgl. z.B. C. Levi-Strauss, Strukturale Anthropologie, Frankfurt/M. 1971, der seine Tätigkeit in ausdrücklicher Analogie zur Lingustik (speziell der Phonologie) begreift.)

26 Popper, Das Elend des Historizismus, Tübingen 1971, S. XII.

27 Vgl. etwa a.a.O., S. 47f., und insb. S. 50, wo mehrere Beispiele für vermeintlich empirische Gesetze angegeben werden. (Es ist übrigens interessant, daß diese Beispiele dabei z.T. ganz augenfällig analytische Aussagen sind, z.B.: „Man kann nicht zugleich eine zentral geplante Gesellschaft und ein Preissystem haben, das die wesentlichen Funktionen der freien Preisbildung erfüllt.")

28 Was man für Handlungen oft nicht wahrhaben will, daß es keine empirischen Handlungsgesetze gibt, sondern nur logische, ist im Bereich ‚Denken' z.T. schon durchaus Selbstverständlichkeit. Möglicherweise ist es hilfreich, sich dies vor Augen zu führen, um auch den ersteren Gedanken annehmbarer zu finden: Bekanntlich ist es allein das System der Logik (neben dem der Mathematik), dem man regelmäßig den Status von Denk-Gesetzen zuweist. Die Vorstellung empirischer Denk-Gesetze dagegen, d.i. die Vorstellung gesetzmäßig verknüpfter oder erzeugter Denkinhalte, wie sie der klassischen Assoziationspsychologie noch durchaus normal erschien, wirkt zunehmend merkwürdig. Stattdessen erscheint es mehr und mehr normal, Ideenverknüpfungen bzw. Verknüpfungen von Ideen und Nicht-Ideellem als kontingente, durch Lernen überholbare Verknüpfungen zu interpretieren. – (Warum man sie logisch widerspruchsfrei gar nicht anders interpretieren kann, dazu s.o. Selbst die größten Fortschritte der Neurophysiologie, von denen der naive Verstand sich oft die merkwürdigsten Vorstellungen macht, können daran übrigens auch nicht das Geringste ändern: auch der Neurophysiologe könnte z.B. eins-zu-eins-Relationen zwischen neurophysiologischen Zuständen und verbalisierten Ideen erst ex post, *nachdem* die Ideen existent sind, konstatieren, und kann ebenso immer erst ex post feststellen, ob es sich bei den Relationen tatsächlich immer um eins-zu-eins-Relationen oder aber beliebig andersartige Beziehungen handelt.)

29 Vgl. zur grundlegenden Bedeutung des Konzepts der Prädikation z.B. Kamlah/Lorenzen, Logische Propädeutik, Mannheim 1967.

30 Vgl. hierzu wie zum folgenden vor allem Mises, Human Action, Chicago 1966, Kap. IV; ders., Grundprobleme der Nationalökonomie, Jena 1933, S. 22ff.

31 Dies ist alles, was die subjektive Wertlehre – von C. Menger (Volkswirtschaftslehre, Wien 1871) an – über die ‚Motivation' des Handelns (das sie ohnehin nicht erklären will, sondern als gegeben voraussetzt) annimmt: Über die konkreten Ziele, über das, was verschiedene Menschen zu verschiedenen Zeitpunkten – in ihren Handlungen dokumentiert – als höchste Werte betrachten, macht sie keinerlei Annahmen. Die obige Aussage ist ganz im Gegenteil völlig Psychologie-frei: kein psychologisches Forschungsresultat könnte ihre Geltung jemals erschüttern; sie ist analytisch wahr; ihre Wahrheit folgt aus der Bedeutung der oben als universelle, ‚Handlung'-konstitutive Kategorien rekonstruierten Begriffe. Daß der subjektiven Wertlehre eine bestimmte (widerlegbare) Psychologie zugrundeliege (die des Hedonismus etwa bzw. die Vorstellung eines homo oeconomicus, dessen Handeln allein von sogenannten wirtschaftlichen Motiven bestimmt sei) ist absolut unzutreffend (trotz der scheinbaren Bestätigung dieser Auffassung, die sich aus Ausführungen Jevons-Theory of Political Economy, New York 1965, Kap. 2 – ableiten läßt). Wenn derartige Behauptungen gleichwohl gang und gäbe sind (man findet sie, um nur zwei Beispiele zu nennen, etwa bei G. Schmölders, Verhaltensforschung im Wirtschaftsleben, Reinbek 1978, S. 14ff., und auch bei einer Größe der Ökonomie-Branche wie G. Myrdal, Das politische Element in der national-ökonomischen Doktrinbildung, Berlin 1932), so kann dies nur als skandalös bezeichnet werden; wenn Mises (Grundprobleme der Nationalökonomie, Jena 1933, S. 57f.) bezüglich der gerade genannten Arbeit Myrdals zu dem Ergebnis gelangt, Myrdal sei „weder mit der Geschichte noch mit dem gegenwärtigen Stand der Wissenschaft vertraut" und kämpfe daher gegen Windmühlen, so kann dies keineswegs als Übertreibung gelten. Ein Blick in die Klassiker (vgl. etwa Böhm-Bawerks psychologisches Nachwort zur Werttheorie in: Kapital und Kapitalzins, 2. Abt., Positive Theorie des Kapitals, Meisenheim 1961, S. 232ff.; sich selbst zitierend stellt Böhm-Bawerk dort z.B. noch einmal fest (S. 236): „Ich brauche wohl kaum besonders anzumerken, daß ich hier das Wort ‚Wohlfahrtszwecke' im weitesten Sinne gebrauche, in welchem es nicht bloß die egoistischen Interessen eines Subjekts, sondern alles umfaßt, was diesem erstrebenswert erscheint.") überzeugt von der Richtigkeit dieser Feststellung. – Vgl. in diesem Zusammenhang auch die naturgemäß vor allem auf die angelsächsische Szene

bezogene Feststellung Robbins' (Einleitung zur Neuausgabe von P. Wicksteeds Common Sense of Political Economy, New York 1967, S. XXI (Erstausgabe 1910)): „Before Wicksteed wrote, it was still possible for intelligent men to give countenance to the belief that the whole structure of Economics depends on the assumption of a world of economic men, each actuated by egocentric or hedonistic motives. For anyone who has read the Common Sense, the expression of such a view is no longer consistent with intellectual honesty." – Zur völligen Irrelevanz der Psychologie für die Ökonomie vgl. schließlich auch die Ausführungen, die Robbins selbst macht (Nature and Significance of Economic Science, London 1935, S. 83ff.).

32 Daß die Inanspruchnahme von Mitteln tatsächlich eine notwendige Voraussetzung dafür ist, daß man von etwas als einer Handlung spricht, kann ein Gedankenexperiment zeigen: Es läßt sich ein Zustand denken: das Schlaraffenland, mit es bevölkernden Wesen, die ewige Jugend und unzerstörbare Kraft besitzen. Derartige Existenzen in derartigen Umgebungen mögen in der Lage sein, einzelne innere Zustände begrifflich voneinander zu unterscheiden (gewissermaßen als ‚Ziele'); da sie aber bei der Realisierung dieser Zustände keinerlei Restriktionen unterworfen sind: jedes Bedürfnis kann im Schlaraffenland jederzeit ohne Aufwand befriedigt werden, und qua ewige Wesen sind sie bei der Verfolgung ihrer ‚Ziele' auch keinen zeitlichen Beschränkungen unterworfen (sie haben es gewissermaßen nie eilig; Zeit ist für sie kein Gut) – würde man hier nicht von Handeln sprechen. Es handelte sich vielmehr um ein Nirwana – etwas von *der* Situation, in der man sich als Handelnder befindet, kategorial Unterschiedenes. (Vgl. hierzu auch Robbins, a.a.O., S. 13: „Nirvana is not necessarily single bliss. It is merely the complete satisfaction of *all* requirements.") – Von Handeln spricht man nur, wenn man bei der Verfolgung von Zielen Restriktionen unterliegt, d.i. wenn die Zielverfolgung die Verausgabung von Mitteln beinhaltet, die qua Mittel knapp sind, und mit denen darum hausgehalten werden muß. (Zur weiteren Erläuterung des Konzepts von Mitteln qua knapper Mittel vgl. die oben folgenden Ausführungen.)

33 Mises, Human Action, Chicago 1966, S. 102.

34 Mit der Tatsache, daß Zeit ein universelles Handlungselement ist, hängt übrigens eine der Besonderheiten der Ökonomie (gegenüber anderen aprioristischen Wissenschaften) zusammen: während die Aussagensysteme von Logik und Mathematik sich auf simultane bzw. synchrone Relationen beziehen, und sie somit strenggenommen keine Ableitung von Prognosen gestatten, sind in der Ökonomie qua aprioristischer Handlungswissenschaft Voraussagen gerade deshalb möglich, weil jede Handlung Zeit als ein Mittel benötigt.

35 Ohne daß die Einschätzung der obigen Aussagen als trivial sich prinzipiell angreifen ließe, sollte man sich immerhin (auch im Hinblick auf spätere Ausführungen) vergegenwärtigen, daß etwa auch grundlegende Aussagen der Logik durchaus trivial sind: Eins der sogenannten De Morganschen Gesetze besagt etwa, daß die Aussage $-(pq)$ nicht der Aussage $\bar{p}\bar{q}$, sondern der Aussage $\bar{p} \vee \bar{q}$ äquivalent ist (vgl. Quine, Grundzüge der Logik, Frankfurt/M. 1969, S. 31–32) – auch das versteht sich für jemanden, der den Gebrauch der logischen Partikel verstanden hat, gleichsam von selbst; gleichwohl stellt die entsprechende Erkenntnis in der Entwicklung der Logik einen wichtigen Fortschritt dar; sie war nicht selbst-evident, sondern mußte erst entdeckt werden; wir haben uns an diese Entdeckung lediglich schon so gewöhnt, daß wir sie mittlerweile für trivial halten, wenngleich – dies zeigt nochmals ihre Nicht-Selbstevidenz an – auch heute noch genügend Personen sich finden ließen, für die das Verständnis der obigen Aussage alles andere als eine Selbstverständlichkeit sein dürfte. – Entsprechendes läßt sich hinsichtlich der Aussagen über Handeln überhaupt feststellen: Sie mögen heute durchaus trivial anmuten, gleichwohl bedurfte es erst der voneinander unabhängigen gleichzeitigen Leistungen eines Menger, Jevons und Walras, um sie dazu werden zu lassen; selbstevident sind also auch sie bei aller Trivialität gewiß nicht, wie nicht zuletzt auch die Ökonomen allseits bekannte Tatsache bestätigen dürfte, daß auch heute noch Personen Schwierigkeiten haben, den subjektiven Charakter von ‚Wert' zu begreifen, und stattdessen an einen objektiv meßbaren, in Gegenständen verkörperten, handlungsbestimmenden Wert glauben.

36 Vgl. hierzu wie zum folgenden vor allem Mises, Human Action, Chicago 1966, S. 64ff.

37 Speziell zur Rolle sozialer Macht und Herrschaft als vorausgesetzter Daten im Rahmen (aprioristischer) handlungstheoretischer Aussagesysteme vgl. Mises, a.a.O., S. 647ff.; vgl. außerdem auch Böhm-Bawerk, Macht oder ökonomisches Gesetz?, in: ders., Schriften Bd. I (ed. Weiss) Wien 1924.

38 Anwendbar sind z.B. Prognosen natürlich grundsätzlich nur dann, wenn die Bedingungen, die sie selbst als Voraussetzung ihrer Geltung spezifizieren, tatsächlich vorliegen. Dies ist in

der Ökonomie nicht anders als in den Naturwissenschaften, und eine Kritik, die es Prognosen gleichsam zum Vorwurf macht, nicht zutreffend gewesen zu sein, wo sie gar nicht zutreffen sollten, ist in jedem Fall verfehlt. Dies gemeinsame Charakteristikum aller Prognosen qua bedingter Prognosen darf jedoch nicht darüber hinwegtäuschen, daß sich ökonomische Prognosen von naturwissenschaftlichen ansonsten hinsichtlich ihrer wissenschaftslogischen Struktur fundamental unterscheiden: Während sich nämlich die Geltung ökonomischer Prognosen selbst dann eindeutig beurteilen läßt, wenn sich für sie prinzipiell kein Anwendungsfall finden läßt (weil die Weltkonstruktion, auf die sich die Aussage bezieht, völlig unrealistisch ist), so ist eine naturwissenschaftliche Prognose, für die es keinen Anwendungsfall gibt, hinsichtlich ihres Wahrheitsgehalts prinzipiell unbeurteilbar. Vgl. auch die folgenden Ausführungen im Text; außerdem vgl. unten S. 79 ff.

39 Der Rückschluß auf logische Fehler ist natürlich nur dann zwingend, wenn zuvor zuverlässig ausgeschlossen werden kann, daß bei der *Anwendung* der Aussage auf einen realen Fall kein Fehler gemacht wurde.

40 Dies ist gründlich mißverstanden worden bei G. Fleischmann, Nationalökonomie und sozialwissenschaftliche Integration, Tübingen 1966, Abschn. D; mißverstanden wird die Logik der reinen Ökonomie auch bei F. Machlup, The Problem of Verification in Economics, in: ders., Selected Economic Writings, New York 1976.

41 Vgl. hierzu auch Mises, Human Action, Chicago 1966, S. 236f.

42 Vgl. Mises, Human Action, Chicago 1966, S. 124.

43 Der Gesamtnutzen qua Addition einzelner Grenznutzen steigt mit einem Anwachsen des Angebots also nur dann *nicht* mehr, wenn der Grenznutzen einer zusätzlichen Einheit gleich Null ist, d.i. wenn bei gegebener Versorgungslage eine (letzte) Einheit des entsprechenden Gutes für den Handelnden wertlos wird – zum freien Gut. Dies wäre, beispielhaft gesprochen, dann der Fall, wenn der Handelnde nicht einmal aus einem Wegschenken der für ihn überflüssigen Einheit subjektive Befriedigung gewinnen könnte, sondern, allgemein, die Existenz oder Nicht-Existenz einer (zusätzlichen) Einheit für sein Handeln in jeder Hinsicht belanglos ist.

44 Vgl. zum Grenznutzentheorem allgemein auch C. Menger, Volkswirtschaftslehre, Wien 1871, insb. S. 98f.; sowie: Böhm-Bawerk, Kapital und Kapitalzins. Positive Theorie des Kapitals, Meisenheim 1961, insb. S. 174ff.

45 Samuelson, Economics, New York 1976, S. 433.

46 Als freilich höchst simples Beispiel eines solchen Tests könnte man sich etwa vorstellen, daß Personen zusätzliche Gütereinheiten auf einer Likert-Format-Skala hinsichtlich ihrer Nützlichkeit bewerten. – Allgemeiner formuliert ginge es in solchen Tests also darum festzustellen, ob in Abhängigkeit von zunehmenden Gütereinheiten, bestimmte, im weitesten Sinn als Papier-und-Bleistift-Handlungen einzustufende Verhaltensweisen eine systematische Tendenz aufweisen, die man als ‚Tendenz des abnehmenden Grenznutzens' bezeichnen kann, oder ob es eine solche Tendenz nicht gibt.

47 Dies gilt jedenfalls für die österreichische Schule; Jevons (Theory of Political Economy, New York 1965) allerdings geht tatsächlich von der Meßbarkeit subjektiven Werts aus.

48 Als nicht-psychologisches Gesetz ist das Grenznutzentheorem dann selbstverständlich auch ungeeignet für eine quasi-wissenschaftliche Rechtfertigung progressiver Besteuerung etwa nach folgendem Muster: Wenn doch die aus zusätzlichen Einkommenseinheiten resultierende zusätzliche Zufriedenheit zunehmend meßbar kleiner wird, und eine zunehmend höhere Besteuerung dieser zusätzlichen Einheiten eine zunehmend geringere Belastung darstellt, u.d.i. einen zunehmend geringeren Abzug vom gesellschaftlichen Gesamtnutzen, während doch umgekehrt durch die mit einer solchen Steuer erreichbare Einkommensumverteilung zugunsten derjenigen Personenkreise, die, bei unterdurchschnittlichem Einkommen, aus zusätzlichen Einkommenseinheiten noch vergleichsweise höhere zusätzliche Zufriedenheit gewinnen können, dann kann erst durch eine solche Umverteilung der gesellschaftliche Gesamtnutzen maximiert werden. – Daß Samuelson eine derartige Begründung progressiver Besteuerung unwidersprochen referiert (Economics, New York 1976, S. 164) kann nicht mehr überraschen; für zusätzliche Belege für die weite Verbreitung derartiger Fehlinterpretationen des Grenznutzentheorems, wie zur Kritik derartiger Pseudo-Wissenschaft vgl. F.A. Hayek, The Constitution of Liberty, Chicago 1972, insb. S. 309 und S. 517.

49 Trotz abnehmenden Grenznutzens könnte etwa, so ließe sich vorstellen, etwas darüber hinzugelernt werden, für welche zusätzlichen Ziele bestimmte Güter dienstbar gemacht werden

können, so daß sich – ungeachtet einer Angebots*erweiterung* – sogar eine *Erhöhung* des subjektiven Werts bestimmter Güter im Rahmen von Nutzenmessungen ergeben kann.

50 Vgl. hierzu wie auch zu konkreteren Beispielen für solche scheinbaren Widersprüche zum Gesetz vom abnehmenden Grenznutzen, Mises, Human Action, Chicago 1966, S. 125.

51 Wissensänderungen also etwa folgender Art: Das Mittel A kann man nicht nur für die Ziele Z_1, Z_2 und Z_3, sondern auch für die (möglicherweise vorher völlig unbekannten) Ziele Z_4 und Z_5 einsetzen; oder, um das Ziel Z_1 zu realisieren, ist ein kombinierter Einsatz der Mittel C und D dem von C und E aus (vorher nicht gekannten) technischen Gründen und/oder aus Gründen einer veränderten Knappheits- bzw. Kostenstruktur im Mittelangebot vorzuziehen usw., usw.

52 Vgl. hierzu und zum folgenden: Mises, Human Action, Chicago 1966, S. 127ff.

53 z, die Outputmenge von Z, kann dabei sowohl eine dichotomische (0/1) Variable sein, wenn ein Ziel nur erreicht oder nicht-erreicht werden kann, als auch eine Intervallvariable, wenn sich der Grad der Zielerreichung in Mengeneinheiten objektiv messen läßt.

54 Genaugenommen gilt also das Ertragsgesetz für alle zu einer Zielerreichung kombinierten Mittel, die zu einem ökonomischen Gut werden *können,* selbst wenn sie unter gegebenen Umständen freie Güter sein sollten: Für alle diese Güter gibt es ein im Hinblick auf eine vorausgesetzte Zielvariable optimales Kombinationsverhältnis; und nur dann gibt es ein solches nicht, wenn einer der beteiligten Produktionsfaktoren prinzipiell nicht zu einem ökonomischen Gut werden kann.

55 Mises, Human Action, Chicago 1966, S. 128.

56 Gäbe es einen solchen Punkt nicht, so könnte ja *jede* Outputmenge allein durch Variation nur eines Faktors realisiert werden, es gäbe keine Optimumkombination, und einer der Faktoren – der konstantgehaltene – wäre grundsätzlich nicht als ökonomisches Gut anzusehen.

57 Samuelson, Economics, New York 1976, S. 26f.

58 Samuelson, a.a.O., S. 27.

59 Vgl. hierzu die Literaturangaben in Fußn. 18, S. 94.

60 Zu einer kritischen Darstellung der wichtigsten Konjunkturtheorien vgl. vor allem G. Haberler, Prosperity and Depression, Cambridge 1968; vgl. außerdem auch G. Schmölders, Konjunkturen und Krisen, Reinbek 1970.

61 Jevons, Investigations in Currency and Finance, London 1909.

62 Keynes, General Theory of Employment, Interest and Money, New York 1964 (Kap. 22).

63 Schumpeter, Theorie der wirtschaftlichen Entwicklung, Berlin 1964; ders., Business Cycles, New York 1939.

64 E. Mandel, Marxistische Wirtschaftstheorie, Frankfurt/M. 1968 (Kap. XI).

65 Samuelson, Economics, New York 1976 (S. 259ff.).

66 Eine gesonderte direkte Widerlegung einzelner in das Sprachspiel reiner Wissenschaften übersetzter nicht-monetaristischer Theorien liegt außerhalb der Zielsetzungen dieser Arbeit. Gleichwohl soll, was im Zusammenhang mit ihnen mit ‚logisch falscher Erklärung' gemeint ist, hier wenigstens beispielhaft angedeutet werden: Eine logische Erklärung des Boom-Rezessions-Zyklus durch einen allgemeinen Optimismus-Pessimismus-Zyklus in der Unternehmerbrust etwa ist deshalb unzureichend, weil so zwar (sieht man einmal vom Problem der Knappheit von Kapital ab) ein zyklisches Zu- und Abnehmen in wirtschaftlichen Aktivitäten – Expansion und Kontraktion – erklärt werden könnte, aber nicht, warum nach einer allgemeinen Zunahme wirtschaftlicher Aktivitäten ein Zustand folgt – die Rezession – der dadurch charakterisiert ist, daß in ihm eine allgemeine unternehmerische *Fehl*einschätzung hinsichtlich jeweiliger Produktmärkte zum Ausdruck kommt, allgemeine (und also nicht nur vereinzelte, im Gesamtbild durch ebenso vereinzelte erfolgreiche Investitionen wieder ausgeglichene) *Fehl*investitionen. Die Datenkonstellation ‚allgemeiner unternehmerischer Pessimismus' bedeutet nicht ‚zukünftige allgemeine unternehmerische Mißerfolge (Verluste)'! – Ähnlich kurz sei die Unrichtigkeit der Unterkonsumptionstheorie (qua logischer Erklärung des Konjunkturphänomens) angedeutet: Die Unterkonsumptionstheorie erklärt Krisen, kurz gesagt, durch eine falsche Einkommensverteilung und erwartet ihre Überwindung entsprechend durch eine Einkommensumverteilung (zuungunsten derjenigen, die von ihrem Einkommen zuwenig für konsumptive Zwecke ausgeben). Logisch unzureichend ist die Theorie deshalb, weil man durch eine Umverteilung der Einkommen von einem Personenkreis mit einem Nachfrage- bzw. Konsumstil A, auf einen anderen, mit einem davon unterschiedenen

Konsumstil B, zwar erklären könnte, welche Produktionszweige davon gegebenenfalls auf Kosten welcher anderen profitieren würden, aber ganz offensichtlich damit nicht erklärt, ob sich die unternehmerischen Entscheidungen, die sich (zeitverschoben) in einer bestimmten Angebotsstruktur ausdrücken, angesichts einer ihr gegenüberstehenden, durch eine bestimmte Einkommensverteilung mitbestimmten Nachfragestruktur allgemein als verlustreich erweisen, oder ob sich die Verluste des einen im Gesamtbild durch die Gewinne des anderen nicht vielmehr ausgleichen; und entsprechend wird auf diese Weise auch nicht erklärt, ob die durch eine Einkommensumverteilung ausgelösten Veränderungen in der Nachfragestruktur zu einer Situation führen, in der allgemeine Verluste zu allgemeinen Gewinnen werden, oder zu einer Situation, wo jeweils andere Produktionszweige verlieren bzw. gewinnen, sich die Verluste und Gewinne aber im Gesamtbild jeweils ausbalancieren. M.e.W.: die Datenkonstellation ‚gegebene Einkommensverteilung' – wie immer sie aussehen mag – impliziert begrifflich nichts hinsichtlich des durch unternehmerische Entscheidungen herbeigeführten ‚Anpassungsgrads der Angebots- an die Nachfragestruktur'!

67 Tatsächlich kann beispielsweise ein Aufschwung z.T. boomhaft, z.T. expansiv sein; und ebenso kann faktisch ein Boom stattfinden, der von einer gleichzeitigen Kontraktion überlagert ist.

68 Vgl. Jevons, Theory of Political Economy, New York 1965 (Kap. VII); Böhm-Bawerk, Kapital und Kapitalzins. Positive Theorie des Kapitals, Meisenheim 1961 (insb. Buch II und IV); außerdem vgl. K. Wicksell, Value, Capital and Rent, New York 1970; ders., Interest and Prices, New York 1965; darüber hinaus vgl. zum folgenden vor allem: Mises, Human Action, Chicago 1966 (Kap. XVIII, XIX).

69 Vgl. hierzu auch unsere Ausführungen oben auf S. 50 f. über die universellen Kategorien von ‚Handeln'; alle drei hier formulierten Aussagen sind als analytisch wahre Aussagen bereits im Begriff des Handelns impliziert: etwas, bei dem nicht eines gegenüber etwas anderem präferiert wird, das keine Zeit benötigt, und für das Zeit keine Kosten darstellt, ist keine Handlung!

70 Aus dieser Definition folgt, daß man nur dann von ‚kapitalloser' Produktion bzw. einem Handeln ohne Verwendung von eingesetztem Kapital sprechen kann, wenn eine weitere Verkürzung der Wartezeit faktisch ausgeschlossen ist, weil der Handelnde bereits von der Hand in den Mund lebt.

71 Die Wartezeit bei der Herstellung dieser zusätzlichen oder anderen Güter kann durchaus kürzer sein, als die für die bisher produzierten Güter erforderliche Wartezeit; aber die *zusammengenommene* Herstellung beider Gütergruppen erfordert in jedem Fall eine insgesamt verlängerte Wartezeit und eine entsprechende zusätzliche Akkumulation von Kapital: „If a are the goods already previously produced and b the goods produced in the new processes started with the aid of the increase in capital goods, it is obvious that people had to wait longer for a and b than they had to wait for a alone. In order to produce a and b it was not only necessary to acquire the capital goods required for the production of a, but also those required for the production of b. If one had expended for an increase of immediate consumption the means of sustenance saved to make workers available for the production of b, one would have attained the satisfaction of some wants sooner." Mises, Human Action, Chicago 1966, S. 495.

72 Vgl. Mises, Human Action, Chicago 1966, S. 527, 533.

73 Vgl. zu dieser Konstruktion Mises, a.a.O., S. 244ff.; außerdem siehe das von da stammende Zitat in diesem Band: Fußn. 6 u. 7, S. 85.

74 Obwohl alltagssprachlich nicht selten miteinander identifiziert, müssen Zinsen und Gewinn logisch streng unterschieden werden. Zwar ist es richtig, daß, wie ausgeführt, sowohl Zins als auch Gewinn nur im Rahmen erfolgreicher unternehmerischer Operationen realisiert werden können, gleichwohl sind es logisch unbestreitbar disparate kategoriale Handlungselemente, was dadurch sichtbar wird, daß auch im Rahmen der Konstruktion einer evenly rotating economy, einem Equilibrium, in dem es per definitionem keinen Wandel u.d.i. auch keinen Gewinn und Verlust gibt (deren Auftreten implizierte ja eine Veränderung in der Position von Personen und verhinderte gerade, daß immer gleiche Handlungen in immer gleichem Muster aufeinander folgen!), dennoch logisch nicht auf die Annahme von Zinsen verzichtet werden kann; ohne Zinsen bliebe es unerklärlich, inwiefern es zu einer Aufrechterhaltung des Equilibriumsystems, zu Reinvestitionen genau festliegender Art und Größenordnung kommen kann, und warum es stattdessen nicht zur Konsumption von Kapital kommt, zu der es kommen müßte, wenn es keine Kompensation für Warten gäbe.

75 Vgl. zum folgenden vor allem Mises, Human Action, Chicago 1966, Kap. XX, insb. S. 550ff.; außerdem siehe: R. v. Strigl, Kapital und Produktion, Wien 1934, Anhang 1; Hayek, Geldtheorie und Konjunkturforschung, Wien 1929; ders., Prices and Production, London 1935; Haberler, Prosperity and Depression, Cambridge 1968, Kap. 3; F. Machlup, The Stock Market, Credit and Capital Formation, London 1940.

76 Die Unvoraussagbarkeit dieser Details erklärt übrigens, inwiefern auch die Einsicht in die Unvermeidbarkeit der Rezession nichts daran zu ändern vermöchte, daß man für vermehrt auf dem Kreditmarkt angebotene Gelder Abnehmer findet und so eine Kreditexpansion bewerkstelligt: Selbst wenn jeder weiß, daß die Rezession kommen muß, weiß doch keiner, wer von ihr betroffen wird, und somit hat kein einzelner einen Grund, nicht zu versuchen, von den billigen Krediten zu profitieren.

77 Mises, Human Action, Chicago 1966, S. 559.

78 Mises, a.a.O., S. 562.

79 Es ergibt sich aus den obigen Ausführungen, daß diese Differenz im Ausgangspunkt vom Standpunkt der reinen Theorie gesehen erklärungslogisch irrelevant ist: Wenn die Marktzinsrate in ihrer Entwicklung Geldmengenveränderungen antizipiert und sich ihnen simultan anpaßt, dann kann eine Kreditexpansion in der Tat nur durch eine nicht-antizipierte Veränderung in der Wachstums*rate* der Geldmenge bewerkstelligt werden. Eine Kreditexpansion ist ja, wie dargestellt, nur möglich, sofern ein time lag besteht zwischen den Ereignissen ‚Geldmengenexpansion' und ‚Anpassung der Marktzinsrate an die Geldmengenänderung'!

80 M. Friedman, 25 Years after the Rediscovery of Money: What have we learned? (Discussion), in: The American Economic Review, Papers and Proceedings 87. Meeting of the AEA, 1975, S. 178 (M_1 = Currency plus adjusted demand deposits; M_2 = M_1 plus time deposits in commercial banks; vgl. dazu: Samuelson, Economics, New York 1976, S. 280) vgl. in diesem Zusammenhang auch Friedmans gesammelte Newsweek Kolumnen in: Friedman, There is no such thing as a free lunch, 1975, insb. Kap. II–IV.

81 Entsprechende Differenzierungen fehlen übrigens auch bei Hume (vgl. seine berühmten Essays ‚Of Money' und ‚Of Interest' in: Hume, Essays. Moral, Political and Literary, Oxford 1963, insb. S. 293f.), an den Friedman in den oben auszugsweise zitierten Ausführungen ausdrücklich als Vorläufer seiner Theorie anknüpft.

82 Ohne daß damit die Wichtigkeit der Unterscheidung beider Formen monetärer Expansion hinfällig würde, sollte angemerkt werden, daß *in*direkt auch eine einfache Inflation bzw. Inflationsbeschleunigung – als Sekundäreffekt gleichsam – (im Vergleich zur normalen Kreditexpansion:) gemäßigtere Boom-Rezessionseffekte hervorbringt: Insofern, als die Marktzinsrate, auch wenn sie nicht Gegenstand direkter Manipulation wird, doch der inflationären Güterpreisentwicklung in ihrer anpassenden Modifizierung nachhinkt, muß es auch hier: indirekt zu einer Überexpansion mit entsprechenden Folgen kommen. – Schließlich kann ein Boomeffekt durch eine einfache Inflation (ohne eigentliche Kreditexpansion) auch dann entstehen, wenn die zusätzlichen Geldmengen zum Zwecke der Wieder-Beschäftigung unbeschäftigter Produktionsfaktoren eingesetzt werden; auch hier muß nach Erreichen des neuen Preisniveaus die erneute Freisetzung der Faktoren (an gleicher oder anderer Stelle im ökonomischen System) erfolgen, da sich die realen Produktionskosten, deren Höhe zur ursprünglichen Nicht-Beschäftigung der Produktionsfaktoren geführt hat, durch die inflationäre Entwicklung nicht verändert haben, sondern vorübergehend nur der Anschein entstehen konnte, als ob dies der Fall wäre.

83 Trotz dieses Vorwurfs ist es allerdings nur recht und billig, hervorzuheben, daß es unter den modernen empiristischen Ökonomen gerade Friedman ist, bei dem die Methode diskursiven Räsonnierens vergleichsweise am stärksten und in größter Vollkommenheit zur Geltung gebracht wird. Vgl. in diesem Zusammenhang insbesondere seine regelmäßigen Newsweek Kolumnen, die sich in genannter Hinsicht beispielsweise so wohltuend von den am gleichen Ort erscheinenden Kolumnen P. Samuelsons unterscheiden.

84 Qua empirische Relationen sind sie doch weder ‚evident', d.i. sie sind kein in der sinnlichen Anschauung ‚unmittelbar Gegebenes'; noch sind sie ‚logisch'; nur wiederholt erfolgreiche Anwendung im Zusammenhang mit Erfahrungsdaten kann sie also bestätigen.

85 Vgl. zu dieser Position vor allem H. Albert (zur Literatur siehe Fußn. 16, S. 94) und G. Fleischmann (Nationalökonomie und sozialwissenschaftliche Integration, Tübingen 1966).

86 Natürlich darf diese Aussage nicht so mißverstanden werden, als hätte die empirische Wirtschaftsforschung gar keine Funktion mehr und als könne man auf sie verzichten; sie ist aber

für die Entwicklung und Weiterentwicklung von Wirtschafts*theorie* absolut bedeutungslos: Während im Rahmen der empirisch-kausalwissenschaftlichen Disziplinen die Rolle von Theorie und Empirie untrennbar ist (Theorie ohne Empirie ist Spekulation), kann der Ökonom qua aprioristischer Handlungstheoretiker seine Disziplin ohne jede Art von empirischer Forschung vorantreiben; lediglich dann, wenn er seine Theoreme anzuwenden gedenkt, muß er sich der Empirie zuwenden, um festzustellen, ob die für die Anwendung logisch erforderlichen Bedingungen faktisch vorliegen oder nicht. Die Rolle des Wirtschaftsempirikers als einer gegenüber der des Theoretikers spezialisierten Rolle besteht somit in der gewiß wichtigen (und dennoch für die Weiterentwicklung der Wissenschaft bedeutungslosen) Aufgabe, aufgrund seiner allgemeinen Kenntnisse der Wirtschaftstheorie bzw. der dort auf ihre praxeologischen Konsequenzen hin untersuchten Datenkonstellationen, und aufgrund seiner speziellen Kenntnisse des empirischen Wirtschaftsgeschehens a) eine gezieltere und schnellere Anwendung von Theoremen auf faktische Situationen vornehmen zu können, als sie der spezialisierte Theoretiker vornehmen könnte, der nur eine vergleichsweise geringere Kenntnis zeitlicher und örtlicher Umstände besitzt; und b) dem Theoretiker seinerseits Anregungen über Handlungswelt-Datenkonstellationen zu geben, die, trotz ihres realistischen Charakters, hinsichtlich ihrer logischen Konsequenzen im Rahmen der reinen Handlungstheorie noch gar nicht oder nicht mit hinreichender Aufmerksamkeit behandelt worden sind.

87 Vgl. zum Beispiel H. Albert, Modellplatonismus. Der neoklassische Stil ökonomischen Denkens in kritischer Beleuchtung, in: Topitsch (ed.), Logik der Sozialwissenschaften, Köln 1968.

88 Vgl. hierzu Mises, Human Action, Chicago 1966, S. 38f.: „Aprioristic reasoning is purely conceptual and deductive. It cannot produce anything else but tautologies and analytic judgements. All its implications are logically derived from the premises and were already contained in them. Hence, according to a popular objection, it cannot add anything to out knowledge. – All geometrical theorems are already implied in the axioms. The concept of a rectangular triangle already implies the theorem of Pythagoras. This theorem is a tautology, its deduction results in an analytic judgement. Nonetheless nobody would contend that geometry in general and the theorem of Pythagoras in particular do not enlarge our knowledge. Cognition from purely deductive reasoning is also creative and opens to our mind access to previously barred spheres. The significant task of aprioristic reasoning is on the one hand to bring into relief all that is implied in the categories, concepts, and premises and, on the other hand, to show what they do not imply. It is its vocation to render manifest and obvious what was hidden and unknown before. – In the concept of money all the theorems of monetary theory are already implied. The quantity theory does not add to our knowledge anything which is not virtually contained in the concept of money. It transforms, develops, and unfolds; it only analyzes and is therefore tautological like the theorem of Pythagoras in relation to the concept of a rectangular triangle. However, nobody would deny the cognitive value of the quantity theory. To a mind not enlightened by economic reason it remains unknown. A long line of abortive attempts to solve the problem concerned shows that it was certainly not easy to attain the present state of knowledge."

89 In polemischer Überspitzung läßt sich die sogenannte ‚Keynesian Revolution' als der Punkt bestimmen, an dem nicht nur ein falsches empiristisches Bewußtsein in der Ökonomie zum vollen Durchbruch gelangt, sondern auch, damit zusammenhängend, die oben charakterisierte Diskussionsweise: man setzt Doktrinen, die man gar nicht gründlich kennt, kühn eigene Theorien entgegen, die schon längst im Detail widerlegt sind, und versieht die, die eine derartige Praxis kritisieren, mit abwertenden Namen. Zur diesbezüglichen Kritik an Keynes und dem Keynesianismus vgl. z.B. Mises, Stones into Bread. The Keynesian Miracle; ders., Lord Keynes and Say's Law, beides in: ders., Planning for Freedom, South Holland 1974; außerdem F.A. Hayek, The Campaign against Keynesian Inflation; ders., Personal Recollections of Keynes and the Keynesian Revolution, beides in: ders., New Studies in Philosophy, Politics Economics and The History of Ideas, London 1978; vgl. auch H. Hazlitt, Das Fiasko der Keynes'schen Wirtschaftslehre, Frankfurt/M. 1960.

90 Schmölders, Verhaltensforschung im Wirtschaftsleben, Reinbek 1978, S. 7f.

91 Dabei lassen wir die in dieser Gegenüberstellung stillschweigend unterstellte Annahme, Scharfsinn sei ohne Anstrengung, gleichsam faulenzend zu haben, und historischer Fleiß allein oder gar Mannesmut könne in der Wissenschaft irgendetwas bewirken, wegen ihrer offensichtlichen Unsinnigkeit auf sich beruhen.

Literaturverzeichnis

(Im vorangehenden Text werden gelegentlich einzelne Abhandlungen aus Aufsatzsammlungen eines gegebenen Autors herausgehoben; im Literaturverzeichnis erscheinen grundsätzlich nur die Titel der Sammlungen.)

Albert, H., Ökonomische Ideologie und Politische Theorie. Göttingen, 1972.

–, Modell-Platonismus. Der neoklassische Stil ökonomischen Denkens in kritischer Beleuchtung. In: E. Topitsch (ed.), Logik der Sozialwissenschaften. Köln, 1968.

–, Marktsoziologie und Entscheidungslogik. Neuwied, 1967.

Anscombe, G.E., Intention. London, 1957.

Apel, K.O., Transformation der Philosophie, Bd. II. Frankfurt, 1973.

Babbie, E., Methods of Survey Research. Belmont, 1973.

Bernstein, R., Praxis and Action. London, 1971.

Berkeley, G., Prinzipien der menschlichen Erkenntnis. (ed. Klemmt) Hamburg, 1957.

Blalock, H., Causal Inferences in Non-Experimental Research. Chapel Hill, 1964.

–, Theory Construction. Englewood Cliffs, 1969.

– (ed.), Causal Models in the Social Sciences. Chicago, 1971.

Böhm-Bawerk, E. v., Kapital und Kapitalzins. Positive Theorie des Kapitals. Meisenheim, 1961.

–, Schriften. (ed. F.X. Weiss) Wien, 1924.

Chomsky, N., Aspects of a Theory of Syntax. Cambridge, 1969.

Dahrendorf, R., Demokratie und Gesellschaft in Deutschland. München, 1971.

Duncan, O.D., Path analysis: sociological examples. In: Blalock (ed.), Causal Models in the Social Sciences. Chicago, 1971.

–, Introduction to Structural Equation Models. New York, 1975.

Ezekiel/Fox., Methods of Correlation and Regression Analysis. New York, 1966.

Fleischmann, G., Nationalökonomie und sozialwissenschaftliche Integration. Tübingen, 1966.

Friedman, M., Essays in Positive Economics. Chicago, 1953.

–, 25 Years after the Rediscovery of Money: What have we learned? (Discussion) In: The American Economic Review, Papers and Proceedings. 87th Meeting of the AEA, 1975.

–, There's no such thing as a free lunch. 1975.

– (ed.), Studies in the Quantity Theory of Money. Chicago, 1956.

–, Capitalism and Freedom. Chicago, 1962.

Friedman/Schwartz, A Monetary History of the US. Princeton, 1971.

Gehlen, A., Der Mensch. Bonn, 1950.

–, Urmensch und Spätkultur. Bonn, 1956.

Goldberger/Duncan (eds.), Structural Equation Models in the Social Sciences. New York, 1973.

Gustafson, D. (ed.), Essays in Philosophical Psychology. New York, 1973.

Haberler, G., Prosperity and Depression. Cambrige, 1968.

Habermas, J., Legitimationsprobleme im Spätkapitalismus. Frankfurt, 1973.

–, Zur Logik der Sozialwissenschaften. Philosophische Rundschau, Beiheft 5, Tübingen, 1967.

Hayek, F.A. v., The Constitution of Liberty. Chicago, 1972.

–, Geldtheorie und Konjunkturforschung. Wien, 1929.

–, Prices and Production. London, 1935.

–, Studies in Philosophy, Politics and Economics. New York, 1969.

–, Law, Legislation and Liberty. Chicago, 1973 ff.

–, New Studies in Philosophy, Politics, Economics and the History of Ideas. London, 1978.

Hazlitt, H., Das Fiasko der Keynes'schen Wirtschaftslehre. Frankfurt, 1960.

Heise, D., Causal Analysis. New York, 1975.

Hempel, C.G., Aspects of Scientific Explanation. New York, 1965.

Holton, G., Thematic Origins of Scientific Thought. Cambridge, 1975.

Hoppe, H.-H., Handeln und Erkennen: Zur Kritik des Empirismus am Beispiel der Philosophie D. Humes. Bern, 1976.
–, Über die Verwendung ungemessener Variablen in Kausalmodellen. Eine epistemologische Kritik. In: Zeitschrift für Soziologie, Heft 3, 1981.
–, Über ungemessene Variablen. Von einem Fehlschluß und zwei unbeantworteten Fragen. In: Zeitschrift für Soziologie, Heft 1, 1982.
–, On How Not To Make Inferences About Measurement Error. In: Quality and Quantity 14 (1980).
Hume, D., A Treatise on Human Nature. (ed. Selby-Bigge) Oxford, 1970.
–, Essays: Moral, Political and Literary. Oxford, 1963.
–, Hume's Enquiries. (ed. Selby-Bigge) Oxford, 1970.
Hyman, L.M., Phonology: Theory and Analysis. New York, 1975.
Jevons, W.S., Theory of Political Economy. New York, 1965.
–, Investigations in Currency and Finance. London, 1909.
Kambartel, F., Erfahrung and Struktur. Frankfurt, 1968.
Kamlah/Lorenzen, Logische Propädeutik. Mannheim, 1967.
Kant, I., Werke in 6 Bänden. (ed. Weischedel) Wiesbaden, 1956ff.
Katona, G., Psychological Analysis of Economic Behaviour. New York, 1951.
Keynes, J.M., The General Theory of Employment, Interest, and Money. New York, 1964.
Knight, F.H., On the History and Method of Economics. Chicago, 1956.
–, The Ethics of Competition. New York, 1935.
Kohlberg, L., Stage and Sequence. In: Goslin (ed.), Handbook of Socialization Theory and Research. Chicago, 1969.
Levi-Strauss, C., Strukturale Anthrophologie. Frankfurt, 1971.
Lewontin, R.C., Adaptation. In: Scientific American, September 1978.
Locke, J., Über den menschlichen Verstand. (2 Bände, ed. Winckler) Hamburg, 1968.
Lorenz, K., Vom Weltbild des Verhaltensforschers. München, 1968.
–, Die Rückseite des Spiegels. Versuch einer Naturgeschichte menschlichen Erkennens. München, 1973.
Lyons, J., Introduction to Theoretical Linguistics. Cambridge, 1968.
Machlup, F., The Stock Market, Credit and Capital Formation. London, 1940.
–, Selected Economic Writings. New York, 1976.
MacIntyre, A., A Mistake about Causality in Social Sciences. In: Laslett/Runciman, Philosophy, Politics and Society. Oxford, 1964.
–, The Unconscious. London, 1958.
Mandel, E., Marxistische Wirtschaftstheorie. Frankfurt, 1968.
Melden, I.A., Free Action. London, 1961.
Menger, C., Grundsätze der Volkswirtschaftslehre. Wien, 1871.
–, Untersuchungen über die Methoden der Sozialwissenschaften. Leipzig, 1882.
Merton, R.K., Social Theory and Social Structure. New York, 1968.
Mises, L. v., Human Action. A Treatise on Economics. Chicago, 1966.
–, The Theory of Money and Credit. New York, 1971.
–, Grundprobleme der Nationalökonomie. Jena, 1933.
–, The Ultimate Foundation of Economic Science. Princeton, 1962.
–, Theory and History. New Haven, 1957.
–, Planning for Freedom. South Holland, 1974.
–, Erinnerungen. Stuttgart, 1978.
Morgan, J., Five Thousand American Families, Patterns of Economic Progress. (Panel Study of Income Dynamics) Ann Arbor, 1974ff.
Myrdal, G., Das politische Element in der nationalökonomischen Doktrinbildung. Berlin, 1932.
Nagel, E., The Structure of Science. New York, 1961.
Namboodiri/Carter/Blalock, Applied Multivariate Analysis and Experimental Design. New York, 1975.
Parsons, T., Social System. New York, 1968.
Peters, R., The Concept of Motivation. London, 1958.
Piaget, J., The Construction of Reality in the Child. London, 1969.
–, Psychologie der Intelligenz. Zürich, 1970.
–, Das moralische Urteil beim Kind. Zürich, 1954.

Peirce, C.S., Schriften. (ed. Apel) Frankfurt, 1967f.
Pindyck/Rubinfeld, Econometric Models and Economic Forecasts. New York 1976.
Popper, K.R., Das Elend des Historizismus. Tübingen, 1971.
–, Conjectures and Refutations. London, 1969.
–, Objective Knowledge. Oxford, 1972.
–, Logik der Forschung. Tübingen, 1969.
–, Die offene Gesellschaft, Bd. I. Bern, 1970.
Quine, W.v.O., Grundzüge der Logik. Frankfurt, 1969.
Rao/Miller, Applied Econometrics. Belmont, 1971.
Robbins, L., The Nature and Significance of Economic Science. London, 1935.
Samuelson, P.A., Economics. New York, 1976.
Schmölders, G., Verhaltensforschung im Wirtschaftsleben. Reinbek, 1978.
–, Konjunkturen und Krisen. Reinbek, 1970.
Schumpeter, J.A., Theorie der wirtschaftlichen Entwicklung. Berlin, 1964.
–, Business Cycles. New York, 1939.
Searle, J., Speech Acts. Cambridge, 1969.
Stinchcombe, A., Constructing Social Theories. New York, 1968.
Strigl, R. v., Kapital und Produktion. Wien, 1934.
Taylor, C., The Explanation of Behavior. London, 1964.
Topitsch, E., Vom Ursprung und Ende der Metaphysik. München, 1972.
Weber, Max, Wirtschaft und Gesellschaft. (ed. Winckelmann) Tübingen, 1972ff.
Werner, H., Einführung in die Entwicklungspsychologie. München, 1970.
Wicksell, K., Value, Capital and Rent. New York, 1970.
–, Interest and Prices. New York, 1965.
Wicksteed, P.H., The Common Sense of Political Economy. (ed. Robbins) New York, 1967.
Wittgenstein, L., Schriften, Bd. I. Frankfurt, 1963.
Zetterberg, H., On Theory and Verification in Sociology. Totowa, 1965.
–, Forschung und Praxis in der Soziologie. In: R. König (ed.) Handbuch der empirischen Sozialforschung, 1973.

Namensverzeichnis

Die hochgestellten Zahlen beziehen sich auf die Nummern der Fußnoten

Sachverzeichnis

GPSR Compliance

The European Union's (EU) General Product Safety Regulation (GPSR) is a set of rules that requires consumer products to be safe and our obligations to ensure this.

If you have any concerns about our products, you can contact us on ProductSafety@springernature.com

In case Publisher is established outside the EU, the EU authorized representative is:

Springer Nature Customer Service Center GmbH
Europaplatz 3
69115 Heidelberg, Germany

Batch number: 10809472

Printed by Printforce, the Netherlands